Czakry

dr Anodea Judith

Czakry

Siedem kluczy do energetycznego uzdrowienia ciała i duszy

Słuchaj radia Hay House
na www.hayhouseradio.com

STUDIO
ASTROPSYCHOLOGII
jeszcze lepsze jutro

Redakcja: Magdalena Madura
Skład: Aleksandra Lipińska
Projekt okładki: Aleksandra Lipińska
Tłumaczenie: Katarzyna Liszyk

Ilustracje: 7, 9, 11, 211, 215, 221 Thinkstock; 26 Mary Ann Zapalac;
36, 53, 75, 96, 120, 124, 141, 169, 191 Shanon Dean;
Pozostałe ilustracje autorstwa Alexa Wayne'a, przystosowane przez Shanon Dean.

Wydanie II – dodruk
Białystok 2021
ISBN 978-83-7377-843-6

Tytuł oryginału: *Chakras: Seven Keys to Awakening and Healing the Energy Body*

CHAKRAS (Hay House Basics Series)

STUDIO ASTROPSYCHOLOGII
jeszcze lepsze jutro

15-762 Białystok
ul. Antoniuk Fabr. 55/24
85 662 92 67 – redakcja
85 654 78 06 – sekretariat
85 653 13 03 – dział handlowy – hurt
85 654 78 35 – **www.talizman.pl** – detal
strona wydawnictwa: **www.studioastro.pl**
Więcej informacji znajdziesz na portalu **www.psychotronika.pl**

PRINTED IN POLAND

Nieskończonym możliwościom, które znajdują się na moście pomiędzy niebem i ziemią.

Spis treści

Spis ćwiczeń

Wprowadzenie

Rozpoczęcie podróży

Wszyscy stale jesteśmy w podróży. W podróży mającej na celu uzdrowienie naszych ciał, odnalezienie sensu życia, odkrywanie głębokich tajemnic. To niełatwa podróż, pełna wyzwań, ślepych zaułków i trudnych wyborów. Przydarzają się nam różne sytuacje i czasami tracimy naszą ścieżkę z oczu. Potem budzimy się z pytaniem: „Dokąd zmierzałem, zanim *to* się wydarzyło?"

Czyż nie byłoby miło, gdyby ktoś wręczył ci jakiś przewodnik? Albo przynajmniej mapę?

System czakr tym właśnie jest – *mapą niezbędną w podróży przez życie*. Jest przewodnikiem w tejże podróży. Opiera się na siedmiu kołowrotach energii, które działają niczym mechanizm napędzający twój pojazd, by sunął wzdłuż wyznaczonej trasy. Korzystanie z tej mapy nie tylko pomoże ci znaleźć właściwą drogę w podróży poprzez życie, ale sprawi również, że podróż ta będzie wyjątkowo wartościowa. Jest to mapa zawierająca całe spektrum życia.

Rozejrzyj się wokół. Słuchaj. Wszystko żyje i aż kipi energią. Ruch uliczny, śmiech dzieci na placu zabaw, „cykanie" świerszczy, szum traw – wszystko to ożywia potężna siła życiowa.

Ta sama energia żyje także w tobie, pulsując w każdej twojej komórce, napędzając ruch mięśni, aktywując działanie umysłu. Choć twój organizm składa się z około 30 bilionów komórek, to istnieje też ukryta konstrukcja, która utrzymuje te komórki razem dzień po dniu, rok po roku i sprawia, że twoje ciało stanowi spójną całość. Możesz określić ją mianem *konstrukcji duszy*.

W głębi tejże struktury znajduje się siedem niezwykle cennych klejnotów, które wirują, roztaczając barwny blask. Klejnoty te to uświęcone centra transformacji, poszczególne elementy na drodze w podróży ku uzdrowieniu i przebudzeniu. Każdy z nich to centrum energetyczne zwane *czakrą* – słowo oznacza „koło", bądź też „dysk". Tak samo jak koraliki w naszyjniku, owe jaśniejące klejnoty energetyczne są ze sobą połączone – nawleczone na wewnętrzny rdzeń duszy, który rozciąga się w tobie od podstawy kręgosłupa aż do czubka głowy.

Poznaj cudowny świat systemu czakr: sieci siedmiu głównych centrów energetycznych rozmieszczonych pionowo wzdłuż twego ciała. Stanowi on swoistą mapę reprezentującą głębszą całość. Jeśli spojrzysz na swoje życie poprzez aspekty owych siedmiu czakr, uzyskasz wzór, dzięki któremu dowiesz się, jak pozostawać w stanie równowagi i jak być kompletnym.

Na strukturę systemu czakr można patrzeć na wiele różnych sposobów. Gdy strukturę tę rozpatrujesz, poruszając się z dołu do góry, reprezentuje ona *drabinę wyzwolenia* – stanowi sposób, dzięki któremu możesz systematycznie uwalniać się od ograniczających cię schematów i czakra za czakrą dążyć do coraz większej wolności osobistej.

Kiedy patrzysz na czakry, przesuwając się od góry ku dołowi, wówczas owe siedem czakr reprezentuje *mapę manifestacji*, która umożliwia ci krystalizację twych pomysłów i idei w formy materialne w konsekwentnym procesie tworzenia swego życia marzeń. W szerszym ujęciu dla zbiorowości ludzkiej system czakr stanowi *szablon do transformacji* – model ewolucji wyższej świadomości.

Kiedy już poznasz ten niezwykły system, może on służyć ci za przewodnik po reszcie twego życia. Pomoże ci poruszać się po zawiłościach relacji międzyludzkich, bardziej świadomie wychowywać dzieci i podejmować aktywne działania w różnych sferach życia. Sprawi, że łatwiej będzie ci pokonać dystans pomiędzy umysłem a ciałem, pomiędzy duchem a materią i pomiędzy niebem a ziemią, sprawiając, że wszystkie te elementy złączą się w jedną całość. A co najważniejsze, zabierze cię on do najgłębszego miejsca w tobie samym – zwanego Wewnętrzną Świątynią – miejsca, w którym odnajdziesz bezpośrednią łączność z twoim wyższym źródłem.

Czakry działają najlepiej, gdy są ustawione pionowo, nieco z przedniej strony kręgosłupa. Pozwala to na swobodny przepływ energii życiowej w górę i w dół ciała wzdłuż tego centralnego filaru naszej wewnętrznej konstrukcji. Podczas gdy głębsza harmonizacja czakr wymaga zwykle sporego nakładu pracy nad swoim wnętrzem, poniżej znajdziesz bardzo proste ćwiczenie, które możesz wykonywać w dowolnym momencie, a które będzie stanowiło wstęp do procesu harmonizacji i wyrównania położenia czakr. To niezwykle proste: korzenie kieruj w dół, a koronę w górę. Powtarzając to ćwiczenie, staniesz się bardziej świadom istnienia rdzenia, który biegnie w górę i w dół w twoim wnętrzu, a w którym w pionowym kanale ułożone są twoje czakry. Odnalezienie w sobie tego rdzenia pomoże ci uzyskać dostęp do energii każdej z czakr.

Ćwiczenie: Korzenie w dół, korona w górę

- Za każdym razem gdy siadasz, czy to przed komputerem, czy zasiadasz do posiłku, czy przygotowujesz się do jazdy autem albo rozpoczynasz medytację, znajdź sposób na wyprostowanie kręgosłupa. Siadając, wyobraź sobie, że delikatnie przyciskasz kość ogonową – tę ostatnią kość kręgosłupa, która przypomina podkręcony ogonek – do tylnej części siedzenia.
- Kiedy usiądziesz, wyobraź sobie, że twoje biodra się nieznacznie rozszerzają – poszerzają się i łączą z ziemią zupełnie tak jak pień drzewa rozszerza się przy podstawie, w miejscu gdzie styka się z ziemią.
- Siedząc, staraj się kierować swoje siedzenie jak najbardziej w dół. Wyobraź sobie, że z podstawy twego kręgosłupa wychodzą korzenie, które wnikają wprost do ziemi.
- Weź głęboki wdech, a podczas wydechu zrelaksuj się, pozwól, by wszystko z ciebie spłynęło. Poczuj związek z miejscem, w którym się znajdujesz – jego położeniem, jego kwintesencją i z ziemią pod tobą.
- Gdy już poczujesz się w pełni uziemiony, czas na podniesienie twojej czakry korony, która zlokalizowana jest na czubku głowy. Pamiętaj, by korzenie ciągle pozostawały skierowane w dół, nawet gdy starasz się unieść czakrę korony jak najwyżej. Rozciągaj kręgosłup jednocześnie w dwóch kierunkach – w górę i w dół.
- A teraz wyobraź sobie siedem jaśniejących klejnotów czakr nawleczonych jak koraliki wzdłuż centralnie położonej linii, która biegnie pomiędzy podstawą kręgosłupa a czubkiem głowy. Kiedy oddalasz do siebie swoją „koronę" oraz „korzenie", owa centralna linia staje się prostsza, a zlokalizowane na niej czakry ustawiają się w równym porządku.

- Zaintonuj wewnętrznie słowo „Ja" – poczuj, jak wielka litera J staje się pionową kolumną umieszczoną w twoim wnętrzu.
- Utrzymuj ten pion pomiędzy niebem a ziemią cały czas, nawet później gdy będziesz czytał kolejne rozdziały tej książki.

Moja podróż ku odkryciom

Od ponad czterdziestu lat pracuję z czakrami, prowadząc uzdrawiające sesje z niezliczoną ilością ludzi: kobietami i mężczyznami, osobami starszymi i młodzieżą, ludźmi różnych narodowości, ras, religii i orientacji seksualnych. Moje doświadczenia zainspirowały mnie to napisania kilku książek, a to z kolei sprawiło, że zaczęłam prowadzić warsztaty i kursy na całym świecie – tym właśnie zajmuję się już od przeszło trzech dekad. I chociaż na swej drodze spotkałam wielu znakomitych nauczycieli, to właśnie moi studenci i klienci są tymi, od których uczę się najwięcej.

W roku 1975 po raz pierwszy zetknęłam się z jogą i zaczęłam wówczas czytać wszystko, co tylko się dało, na temat duchowości i metafizyki. Podczas studiów specjalizowałam się w psychologii, jednak konwencjonalne teorie pozostawiały we mnie pewien niedosyt. Po prostu nie mogłam zaakceptować idei, że ludzki duch może być rozpatrywany przez pryzmat eksperymentów laboratoryjnych, które określą przewidywalne zachowania człowieka. Każdą osobę postrzegałam bowiem jako jednostkę indywidualną, piękną w swej unikalnej naturze, ukształtowaną przez własne doświadczenia. Bez reszty poświęciłam się studiowaniu psychologii, jednak postrzegałam ją bardziej jako sztukę niż naukę. Ciągle szukałam tej nieuchwytnej esencji, która nas napędza. Jaka teoria mogłaby zawrzeć w sobie zarówno fakt, że stanowimy wspólnotę jak i obejmować naszą indywidualną unikalność?

Moje badania nad duchowością również były niesatysfakcjonujące, ponieważ nie zajmowały się człowiekiem jako całością. Nie potrafiłam zgodzić się z ideą, że jesteśmy tu po to, by finalnie wyrzec się naszego ziemskiego istnienia, jakby nasze codzienne życie zupełnie nie miało znaczenia i że powinniśmy poszukiwać drogi do jakiegoś nieziemskiego stanu istnienia, który i tak mogą osiągnąć jedynie nieliczni. Potrafiłam bowiem odnaleźć tyle samo duchowości w codziennych czynnościach – w uzdrawianiu, wychowywaniu dzieci, pracach w ogrodzie, wędrówce po lesie, sztuce czy gotowaniu obiadu – co podczas medytacji lub ćwiczenia jogi na macie.

Początkowo byłam nawet dość sceptyczna, gdy po raz pierwszy usłyszałam o systemie czakr. Nie potrafiłam zaakceptować idei, że musimy tłumić nasze trzy niższe czakry, ponieważ są „złe" czy też „negatywne", by móc osiągnąć pewien bezcielesny stan oświecenia. Wszak widziałam wokół siebie wielu takich ludzi, który cierpieli z powodu wyobcowania – czuli się obco względem ziemi, a nawet własnych ciał.

Nie mogłam zaakceptować filozofii, która promuje zaprzeczenie swej cielesności, cudownej rzeczywistości naszej Ziemi i potężnej siły życiowej, która przenika wszystkie istoty żywe. Rozumiałam jednak, że istnieje transcendentalna siła, która przenika dosłownie wszystko. Kiedy w wieku 21 lat zostałam zaznajomiona z TM (transcendentalną medytacją), dosłownie zakochałam się w niej i każdego dnia spędzałam trochę czasu na czerpaniu radości z tego niezwykłego stanu transcendencji. Zdarzało się, że medytowałam po dwie godziny dziennie, za to wystarczały mi zaledwie cztery godziny snu.

Fascynowała mnie świadomość sama w sobie. Czym jest zdolność do bycia świadomym? Co można osiągnąć dzięki ćwiczeniom, takim jak joga czy medytacja, mającym za zadanie poszerzyć naszą świadomość? Eksperymentowałam nawet z substancjami zmieniającymi stan świadomości i uważam, że stanowią one pewien sposób, by otworzyć przed nami drzwi do cudów świadomości, jednak ich możliwości to jedynie ułamek tego, co można by osiągnąć. By móc przejść przez owe drzwi, potrzebna jest konsekwentna duchowa praktyka, którą jogini zwą *sadhana*.

Z pasją rozwijałam swoje umiejętności, najpierw ćwicząc medytację transcendentalną, potem jogę, a następnie zabrałam się za stopniowe oczyszczanie za pomocą diety i aktywności fizycznej. Dostrzegłam wówczas głębokie zmiany we własnej świadomości. Kolory stały się jaskrawsze, mój duch lżejszy, a wszystko co robiłam, zdawało się nareszcie mieć sens, jakby prowadziła mnie jakaś niewidzialna ręka kształtująca moje przeznaczenie, którym jest wprowadzenie starożytnego systemu czakr do współczesnego świata jako mapy wiodącej ludzkość w jej ewolucyjnej podroży ku kolejnym stadiom rozwoju cywilizacji.

Brzmi to może nieco górnolotnie, ale naprawdę widzę, jak mapa ta ukazuje nam drogę zarówno do osobistej jak i zbiorowej transformacji ludzkości. Wskazuje nam powrotną drogę do stania się całością, drogę poprzez globalny rytuał przejścia ku przyszłości cywilizacji i sposób na obudzenie w sobie chwały życia w pełni.

Przyjrzałam się temu systemowi pod każdym możliwym kątem. Patrzyłam na niego, jak na okno do ludzkiej duszy oraz jak na soczewkę, przez którą można obserwować świat zewnętrzny. Widziałam, jak może on zmienić ludzkie życie i jak w tym niezwykle ważnym dla naszej planety czasie może poprowadzić nas poprzez zbiorową transformację, gdy wkroczymy w nową erę świadomości i wartości, przechodząc od czakry trzeciej do czwartej i zamieniając miłość do władzy na potęgę miłości. Gdy dokonamy tej przemiany we własnym życiu, będziemy mogli pomóc w transformacji naszej zbiorowości.[1]

Osiągnęłam tę wiedzę, studiując szeroki zakres różnych dyscyplin: psychoterapię somatyczną, jogę, pracę z ciałem, historię i filozofię ewolucyjną. Moja wieloletnia fascynacja procesami uzdrawiania i przemianami społecznymi w połączeniu ze skłonnością do doszukiwania się wzorców i schematów w ludziach i kulturach, znacząco wpłynęła na moją pracę na przestrzeni ostatnich czterech dekad. Zaczęłam postrzegać system czakr jako głęboki, uporządkowany system, zawierający w sobie pełne spektrum ludzkich możliwości i dający możliwość rozwinięcia naszego prawdziwego potencjału. Idea ta nie stanowi żadnej religii. To model uniwersalny, który pasuje do każdego systemu wierzeń czy każdej religii. Zawiera on klucze do naszej wewnętrznej psychologii – nieświadome programy, które zarządzają naszymi odczuciami, myśleniem i zachowaniem.

Moje doświadczenie zawodowe łączące w sobie zawód psychoterapeuty wyspecjalizowanego w pracy z ciałem oraz nauczyciela jogi umożliwia mi połączenie badań nad wewnętrzną psychologią z ćwiczeniami fizycznymi oraz duchowym przebudzeniem. Prawdę mówiąc, uważam, że owe trzy aspekty naszego jestestwa są w zasadzie nierozerwalne. Nie możemy osiągnąć duchowego przebudzenia bez uzdrowienia naszych psychologicznych ran, a nie uda nam ich wyleczyć bez jednoczesnego przebudzenia. Nie można zapominać o roli ciała w procesach myślenia i odczuwania, tak jak nie wolno nam zignorować wpływu umysłu i emocji na nasze zdrowie fizyczne.

---

[1] Aby dowiedzieć się więcej na ten temat, zapoznaj się z inną książką autorki: *The Global Heart Awakens: Humanity's Rite of Passage from the Love of Power to the Power of Love*, Shift Books, San Rafael, CA, 2013.

Piękno systemu czakr polega na tym, że zawiera on w sobie dosłownie wszystko. Niczemu nie zaprzecza, a jedynie pomaga nam uporać się z trudnościami, jasno wskazując drogę ku wolności.

Skąd się wziął system czakr?

Moja pierwsza wizyta w Indiach totalnie zawróciła mi w głowie i otworzyła moje serce. W chwili gdy wysiadłam z samolotu, ogarnęła mnie fala bodźców stymulujących zmysły. Aromat egzotycznych przypraw unosił się nad zapachem spalin samochodowych i gnijących odpadków. Jaskrawe kolory ubranych w sari kobiet sprzedających kwiaty i tęczowe barwy odzieży na bazarach pobudzały mój zmysł wzroku. Stale otaczał mnie nieustający hałas ruchu ulicznego, przeplatający się z pokrzykiwaniem przekupniów sprzedających swoje wyroby, a w tle pobrzmiewała symfonia dźwięków złożona z trąbienia ciężarówek, ryku silników motocykli, gdakania kur, ryczenia krów i szczekania psów. Na każdym rogu czuć było przepływ energii w tym tętniącym życiem chaosie, gdzie wszystko razem łączyło się w gwarnej kakofonii życia. Wszystko wokół aż prosiło, by to dotknąć, by poczuć to bezpośrednio w każdej z czakr. Była to kraina obdarzona ogromnym pięknem i głęboką mądrością duchową, której paradoksalnie towarzyszył okropny bród i niewyobrażalne ubóstwo.

Indie są kolebką systemu czakr, w znacznej mierze dzięki tradycjom jogicznym. Trudno jest wskazać konkretny punkt narodzin systemu, lecz bardzo prawdopodobnym jest, że filozofia ta była przekazywana ustnie na długo zanim po raz pierwszy została spisana. Teksty ezoteryczne koncentrujące się na czakrach zostały napisane mniej więcej w dziesiątym wieku naszej ery, podczas okresu zwanego okresem tantrycznym filozofii jogi (ok. 500 – 1200 rok naszej ery).

Ludziom Zachodu tantra kojarzy się zazwyczaj z seksualnością, mimo że hinduskie doktryny tantryczne łączą w sobie wiele duchowych filozofii, a aspekty związane z seksualnością stanowią jedynie ich niewielki ułamek. Istota nauk tantrycznych koncentruje się raczej na integracji archetypowych biegunów, takich jak umysł i ciało, poniżej i powyżej, wewnątrz i na zewnątrz. Szczególnie ważny jest związek boskości kobiecej z boskością męską, przedstawiany za pomocą archetypów: boga Shivy, reprezentującego czystą świadomość oraz bogini Shakti uosabiającej pierwotną energię, z której wszystko powstało. Dzięki poszczególnym elementom systemu czakr Shiva i Shakti odnajdują drogę ku wiecznej miłości, której centrum znajduje się w sercu.

Samo słowo „tantra" ma znaczenie podobne do krosna – czyli narzędzia do tkania. Podczas pracy z krosnem naciągasz nić z jednej strony w drugą, do przodu i do tyłu, zaczepiając je za każdym razem po przeciwnej stronie. Następnie bierzesz inne pasmo i przeplatasz je pod i nad pozostałymi, kierując się najpierw w jedną, a potem w drugą stronę. Właśnie owo przeplatanie w tę i we w tę nici z dwóch przeciwnych biegunów sprawia, że stworzona tkanina jest trwała i wytrzymała. Według filozofii tantrycznej przeplatanie ze sobą archetypowych biegunów powoduje powstanie tkaniny rzeczywistości.

Religie i systemy wierzeń, które uznają wyższość umysłu nad ciałem, twierdzą, że prawdziwy jest tylko duch, a materia jest jedynie iluzją lub przyznają większe prawa i przywileje mężczyznom niż kobietom, nie przedstawiają sobą zdrowej równowagi pomiędzy dwoma biegunami. Jeśli przyjrzysz się dzisiejszemu światu, możesz dostrzec, jak ów brak równowagi generuje problemy w kwestiach zdrowotnych i środowiskowych – poprzez zaprzeczanie cielesności i materialnej stronie Ziemi – nie wspominając o pogorszeniu statusu kobiet i niektórych mniejszości. W prawdziwej tradycji tantrycznej osiąganie stanu całości czy kompletność oznacza przywrócenie równowagi pomiędzy biegunami i zjednoczenie ich ze sobą. To poniekąd „konserwuje" tkaninę rzeczywistości. I właśnie system czakr jest modelem, który zajmuje się właśnie tym.

System, którego czas właśnie nadszedł

Na początku dwudziestego wieku Zygmunt Freud był jednym z pierwszych, którzy w czasach współczesnych zajęli się tematem różnic i aspektów ludzkiej psychiki, opisując id, ego oraz superego. W tym samym czasie Carl Gustaw Jung dodał do tego wymiar duchowy i odsłonił przed nami ogromną sferę nieświadomości, którą opisywał jako światło i cień, wewnętrzna kobiecość i męskość zwane także *anima* i *animus*. Jednak żadna z teorii nie obejmowała roli ciała w naszym rozwoju psychologicznym.

Później lekarze i masażyści skoncentrowali się głównie na ciele fizycznym, ale z kolei całkowicie zapomnieli o wymiarze duchowym. Wówczas popularność zyskała joga, wnosząc zainteresowanie duchowością, jednak niemal całkowicie ignorowała urazy psychologiczne, które kryją się pod powierzchnią.

Potrzebny był elegancki w swej prostocie system, który mógłby objąć swym zakresem całą osobę: umysł, ciało oraz ducha lub energię. System czakr z łatwością przemawia do energetycznej rzeczywistości ludzi w dzisiejszym świecie, ponieważ odwzorowuje w ciele punkty odnoszące się do wymiarów będących czymś znacznie więcej niż tylko ciałem. Łączy ze sobą aspekty fizyczne i duchowe, umieszczając je na krzyżującym się kontinuum subtelnych wibracji od potężnej materii do wysublimowanej świadomości.

Karl Jung mawiał, że wszyscy potrzebują „archetypu całości", który stanowi model lub, jak określają niektórzy, „przepis" na stanie się kompletnym. System czakr jest właśnie tym: przewodnią formułą wskazującą, co robić, by osiągnąć integralność. Jest nawet czymś więcej – jest sposobem na osiągnięcie wielkości, pełnego potencjału tego, kim jesteśmy.

Kiedy jeżdżę po świecie z wykładami, zauważam, że ludzie są głodni poczucia sacrum, które zanikło w dzisiejszym świecie, a zwłaszcza w świecie Zachodu. Ludzie stracili kontakt z własnym uświęconym wnętrzem, jego znaczeniem dla życia, sensem, dla którego tu jesteśmy. Utracili także łatwość rozmawiania o tym i dzielenia się tą uświęconą przestrzenią z innymi osobami. Nawigowanie po czakrach pomaga w odnalezieniu drogi do miejsca, gdzie wszystko ponownie staje się święte.

A gdy poruszamy się po grząskim gruncie trudnych zmian, które mają zasięg globalny – problemy i kryzysy środowiskowe, socjologiczne, polityczne i ekonomiczne – potrzebujemy mapy, która poprowadzi nas przez ten chaos, wiodąc ku sensowym i praktycznym rozwiązaniom. Wierzę, że kryzysy, jakie przechodzimy, stanowią wstęp do wyższego stanu świadomości, stanu, który musimy osiągnąć, by w przyszłości przetrwać jako gatunek. Dzięki czakrom nawiązujemy kontakt z naszą boską naturą – wiecznością, która sprawia, że nawet w chwilach trudnych zmian pozostajemy niezłomni.

System czakr jako portal pomiędzy światami wewnętrznymi i zewnętrznymi stanowi instrukcję, jak uzdrawiać nie tylko samych siebie, ale też świat, w którym wspólnie żyjemy. Przywracając naturalny stan ziemi, wody, powietrza i zasobów energetycznych, odnawiamy stan uświęconych czakr. Gdy przeniesiemy tę wizję i świadomość na społeczeństwo i będziemy ze sobą szczerzy, odkryjemy, że posiadamy wytyczne do tego, jak kreować wspaniałą, kwitnącą przyszłość.

System czakr oferuje nam archetyp mapy, która jest przydatna teraz bardziej niż kiedykolwiek przedtem. Być może starożytni wiedzieli, że przyjdzie kiedyś czas, gdy ich wiedza będzie szczególnie potrzebna. Wierzę, że ten czas nadszedł właśnie teraz.

Czym są czakry?

Zdefiniujmy sobie, o czym w ogóle mówimy, posługując się terminem „czakra". Słowo to prawidłowo wymawia się z twardym „cz". Termin ten pochodzi z sanskrytu (duchowego języka starożytnych Indii) i oznacza „koło" albo „dysk". Czakry to wirujące centra życiodajnej energii umiejscowione w czymś, co nazywamy ciałem energetycznym lub ciałem subtelnym. Nie mają właściwości fizycznych w sensie dosłownym – nie można rozciąć człowieka na stole operacyjnym i znaleźć lub wymienić mu którejś z czakr – jednak można je wyczuwać *w* ciele fizycznym jako subtelną aktywację energetyczną w różnych obszarach organizmu takich jak serce, brzuch czy gardło.

Samo słowo „subtelny" jest również ważne w nauce rozpoznawania tej energii, ponieważ jest ona faktycznie bardzo subtelna i delikatna i czasami trudno ją wyczuć. Często wymaga wyjątkowo czułej percepcji pozwalającej zobaczyć i wyczuć to, co kryje się pod powierzchnią i dotrzeć do ukrytej, życiodajnej energii. Jednakże bywa, że aktywacja czakr jest stosunkowo zauważalna, wyczuwana wówczas jako motyle w brzuchu, gula w gardle, trzepotanie serca, a nawet ekstaza orgazmu.

A oto proste ćwiczenie, dzięki któremu nauczysz się wyczuwać subtelną energię w dłoniach, gdzie po wewnętrznej stronie znajdują się czakry mniejsze:

Ćwiczenie: Otwieranie czakr na dłoniach

- Wyciągnij przed siebie obie ręce. Łokcie trzymaj wyprostowane. Jedną dłoń skieruj w dół, a drugą w górę.
- Dwadzieścia razy, w bardzo szybkim tempie otwórz i zamknij dłonie. Zwróć uwagę, by je w pełni otwierać i w pełni zamykać.
- Kiedy dłonie się zmęczą odsuń je od siebie na szerokość nieco większą niż rozstaw ramion. Następnie ułóż je tak, by były do siebie skierowane wnętrzem dłoni i powoli zacznij je do siebie zbliżać.
- Zatrzymaj dłonie, gdy będzie je dzielić odległość ok. 15 cm. Spróbuj wyczuć pomiędzy nimi subtelne pole energii. Będzie to takie uczucie, jakbyś wyczuwał pole pomiędzy dwoma słabymi magnesami. Możliwe, że poczujesz w dłoniach delikatne mrowienie.

Właśnie udało ci się otworzyć czakry w swoich dłoniach! I jakie to uczucie? W porównaniu do głównych siedmiu czakr, czakry w dłoniach nie mają zbyt wielu blokad, dlatego stosunkowo łatwo jest je otworzyć. Kiedy jednak zostaną otwarte, emitują więcej energii. Jednocześnie stają też bardziej wyczulone na odbiór różnych bodźców. Ta kombinacja sprawia, że łatwiej jest bezpośrednio wyczuć ich energię.

Odsuwanie i zbliżanie do siebie dłoni stymuluje tę energię w taki sam sposób, w jaki masażysta, uciskając ciało np. stopy, stymuluje czucie w masowanym obszarze ciała. Owo odsuwanie i zbliżanie odzwierciedla tantryczną naturę filozofii, która kryje się za systemem czakr.

Tę samą zasadę zbliżania i odsuwania możesz zastosować dla głównych czakr ciała, jednak jest to nieco bardziej skomplikowane. Joga stymuluje czakry właśnie ten sposób za pośrednictwem przeróżnych pozycji ciała zwanych *asanami*. Omawiając w kolejnych rozdziałach poszczególne czakry, przyjrzymy się również różnorakim ćwiczeniom przypisanym każdej z nich.

Twoje wewnętrzne komnaty

Czakry są niczym komnaty w świątyni ciała. Chwytają energię, przetwarzają ją lub przyswajają, a potem wydzielają na zewnątrz. Przykładowo, w twoim domu kuchnia jest miejscem, gdzie przynosisz kupione produkty spożywcze, przygotowujesz jedzenie, konsumujesz je, a potem wyrzucasz resztki. Twoja kuchnia została tak zorganizowana, by dobrze sprawdzać się w tym zadaniu. Z kolei twój salon przystosowany jest do zupełnie innych czynności.

W tym kontekście, moja definicja czakry brzmi:

Centrum odbioru, asymilacji i ekspresji życiodajnej energii.

W modelu idealnym każda z twoich czakr może czerpać energię z otoczenia, z pożywienia, dotyku, miłości lub informacji, a następnie przyswajać tę energię, np. trawiąc pokarm lub przetwarzając informacje, a następnie wydzielać ją ponownie np. podczas ćwiczeń spalających kalorie, obdarzając innych miłością lub dzieląc się wiedzą. Każda z czakr ma nieco inne zadania.

Aby w pełni realizować swoje funkcje każda czakra potrzebuje doskonalenia i rozwoju (nie chciałbyś mieć przecież kuchni bez blatów roboczych), oczyszczenia (na pewno niechętnie przygotowałbyś obiad na brudnej powierzchni) i sprawności w działaniu (z pewnością wolisz, gdy kuchenka czy lodówka sprawnie funkcjonują).

Jesteś pryzmatem

Gdy pomyślisz o pierwotnej energii kosmosu spływającej na ciebie, wówczas twoje ciało jest niczym pryzmat rozbijający tę energię na różne barwy światła czy też różne częstotliwości. Owe różne „kanały" skorelowane są z wieloma aspektami, ponieważ są odwzorowane na ciele poprzez siedem wiązek nerwów wychodzących z kręgosłupa, co możesz zobaczyć na rysunku zamieszczonym poniżej. Czakry odpowiadają również gruczołom układu wewnątrzwydzielniczego, jak również elementom układu oddechowego i trawiennego.

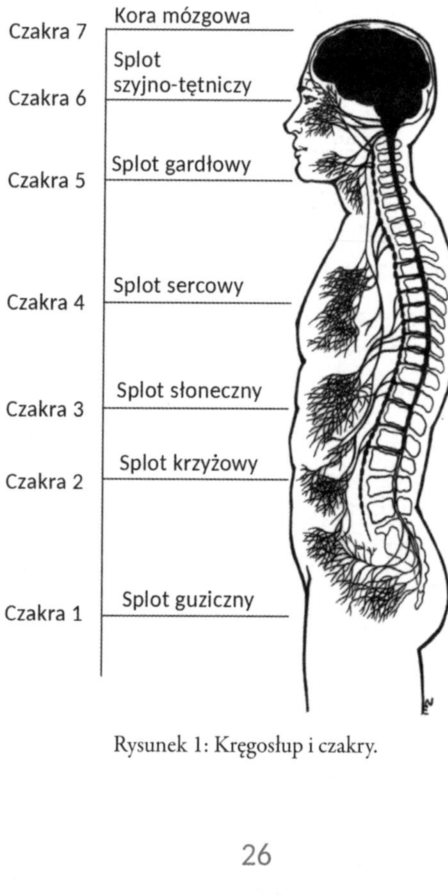

Rysunek 1: Kręgosłup i czakry.

Czakry odpowiadają także archetypowym żywiołom, którymi w starożytnych tekstach są: ziemia, woda, ogień, powietrze i eter. Eter związany jest ze światem duchowym i reprezentują go trzy górne czakry, ponieważ żywiołów mamy pięć, a czakr siedem. W swojej pracy rozszerzyłam system żywiołów do siedmiu elementów, w którym, tak jak w starożytnych opisach, każdy przyporządkowany jest do danej czakry: eter zastąpiłam dźwiękiem, a czakry szóstą i siódmą skorelowałam odpowiednio ze światłem oraz ze świadomością. Podczas lat pracy z czakrami, odkryłam, że te właśnie elementy najprościej i w najbardziej optymalny sposób pozwalają zrozumieć różnice pomiędzy czakrami. Temat ten zgłębimy w kolejnych rozdziałach, a tymczasem poniżej znajdziesz szybki przegląd całego spektrum żywiołów i tego, co sobą reprezentują:

1. *Ziemia* jest stała i twarda. Zachowuje są niezmienioną formę i reprezentuje fizyczny świat materii oraz Ziemię, naszą planetę. Związana jest z czakrą pierwszą, znajdującą się u podstawy kręgosłupa.
2. *Woda* jest płynna i reprezentuje przepływ energii poprzez emocje, seksualność i ruch. To żywioł drugiej czakry, umieszczonej w części krzyżowej kręgosłupa.
3. *Ogień* ogrzewa i dodaje energii. Związany jest z trzecią czakrą i reprezentuje moc do podejmowania działań oraz siłę naszej woli.
4. *Powietrze* reprezentuje oddech, a wnika do ciała poprzez płuca, następnie jest pompowane do serca i dociera do każdej komórki organizmu. Żywioł ten jest związany z czakrą serca oraz energią miłości, łagodnością i wzrostem.
5. *Dźwięk* to wibracja, która może stać się muzyką, słowami i sposobem komunikacji. Związany jest z czakrą piątą, zwaną też czakrą gardła.

6. *Światło* umożliwia nam widzenie. Jest to żywioł czakry szóstej nazywanej także trzecim okiem.
7. *Świadomość* jest tym, co pozwala nam wszystkiego doświadczać: widzieć, słyszeć, kochać, działać, odczuwać, być. Działa za pośrednictwem wszystkich czakr, jednak tajemnicę świadomości reprezentuje czakra korony.

W temacie czakr istnieje jeszcze wiele innych odniesień i wiele z nich zostało przedstawionych w tabeli na stronach 30–32. Te kwestie zostaną dokładniej omówione w rozdziałach poświęconych poszczególnym czakrom, ale na razie wystarczy, byś zapoznał się z systemem czakr jako całością oraz całym spektrum jego możliwości.

Ile jest czakr?

To pytanie pada za każdym razem, gdy prowadzę wykład lub warsztaty, a zatem warto poświęcić chwilę, by omówić tę kwestię. Odpowiedzi mogą być różne w zależności od tego, czy mówimy o siedmiu głównych czakrach, tych klasycznych, czy włączamy też mniejsze czakry umiejscowione na dłoniach i stopach lub subczakry w sercu, koronie i trzecim oku. Niektóre ze starożytnych tekstów opisują subczakrę zlokalizowaną pod sercem oraz miniczakry w czakrze szóstej i siódmej takie jak czakra soma lub czakra guru. Niektórzy postulują nawet istnienie kilku czakr umieszczonych pod lub nad ciałem oraz wielu czakr mniejszych rozsianych w całym ciele.

Chociaż dopuszczam możliwość istnienia owych dodatkowych czakr, to uważam, że forma siedmiu głównych czakr jest całkowicie spójnym systemem, którego nie trzeba dodatkowo komplikować, dodając do niego czakry umiejscowione na zewnątrz ciała. Jeszcze nigdy nie spotkałam nikogo, kto osiągnąłby mistrzostwo w opanowaniu wszystkich siedmiu czakr podstawowych, a zatem to świetny punkt do rozpoczęcia pracy nad czakrami. Praca z nimi zapewne pochłonie cię bez reszty i zajmie cię do końca życia.

Ogólnie rzecz biorąc, czakra to centrum energetyczne, zatem w zasadzie każdy punkt, w którym zbiera się energia, można by określić mianem czakry – żołądek, kolana, łokcie, a nawet opuszki palców. W książce tej skupimy się jednak głównie na siedmiu podstawowych czakrach, wspomnimy też nieco o czakrach na dłoniach i stopach a także o subczakrze zwanej Anandakanda Lotus umiejscowionej poniżej serca.

Siedem tożsamości

Wszyscy mamy jakąś tożsamość. Może to być nasze nazwisko, nasz zawód czy nasza rola życiowa. Ale czy wiedziałeś, że każda czakra wnosi znaczący wkład w twoją tożsamość?

W zależności od swojej lokalizacji w ciele, czakry reprezentują inny punkt widzenia, przez który odbieramy rzeczywistość. Owe stany świadomości stanowią część naszej podstawowej tożsamości, a każda czakra niesie ze sobą określoną część tejże tożsamości. Każda z tych tożsamości w określony sposób koncentruje się na jaźni – jest zorientowana na pewne podstawowe potrzeby lub funkcje. Czasami możemy być zanadto skoncentrowani na niektórych tożsamościach, a innym razem możemy poświęcać im zbyt mało uwagi.

❖ *Czakra pierwsza: tożsamość fizyczna zorientowana na przetrwanie, instynkt samozachowawczy.* Tutaj nasza świadomość koncentruje się na kwestiach przeżycia i przetrwania, takich jak zapewnienie sobie bezpieczeństwa, borykanie się z problemami natury zdrowotnej czy ekonomicznej, życie w stanie napięcia „walcz lub uciekaj". Odpowiednia relacja z naszym ciałem fizycznym pomaga utrzymać nas przy życiu poprzez zaspokajanie potrzeb naszego organizmu.

Czakra	Lokalizacja	Główny aspekt	Cele	Prawa	Okres rozwojowy
7	Czubek głowy, kora mózgowa	Świadomość	Mądrość, wiedza, świadomość, duchowość	Wiedzieć	Całe życie
6	Środek głowy, na poziomie brwi	Intuicja, wyobraźnia	Intuicja, wyobraźnia, wizje	Widzieć	Dorosłość
5	Gardło	Komunikacja	Jasna komunikacja, kreatywność, klarowność przekazu	Mówić i być słyszanym	7–12 lat
4	Serce	Miłość, związki międzyludzkie	Równowaga, współczucie, samoakceptacja, dobre relacje z innymi	Kochać i być kochanym	3,5–7 lat
3	Splot słoneczny	Siła, wola	Witalność, spontaniczność, siła woli, cel, poczucie własnej wartości	Działać	18 miesięcy – 3,5 roku

2	Brzuch, genitalia, dolna część pleców, biodra	Seksualność, emocje	Płynność, przyjemność, zdrowa seksualność, odczuwanie, sprawne funkcjonowanie	Odczuwać, pragnąć	6 miesięcy – 2 lata
1	Podstawa kręgosłupa, splot guziczny	Przetrwanie	Stabilność, uziemienie, zdrowie fizyczne, warunki życiowe, zaufanie	Być, mieć	Życie płodowe – 12 miesięcy

Tożsamość	**Negatywna domena**	**Charakterystyka przy nadmiernym pobudzeniu**	**Charakterystyka przy niedoborze pobudzenia**	**Żywioł**	**Czakra**
Tożsamość uniwersalna (wiedza o sobie samym)	Przywiązanie	Przeintelektualizowanie, uzależnienie duchowe, dezorientacja, rozkojarzenie	Trudności w nauce, sceptycyzm względem sfery duchowej, ograniczone przekonania, materializm, apatia	Myśli	7
Tożsamość archetypowa (przemyślenia na swój temat)	Iluzje	Bóle głowy, koszmary nocne, halucynacje, urojenia, problemy z koncentracją	Słaba pamięć, problemy z widzeniem, niedostrzeganie wzorów i schematów, zaprzeczanie	Światło	6
Tożsamość twórcza (autoekspresja)	Kłamstwa	Słowotok, nieumiejętność słuchania, jąkanie	Lęk przed mówieniem, słabe poczucie rytmu, afazja (nieśmiałość)	Dźwięk	5

Tożsamość społeczna (samoakceptacja)	Żal	Współzależność, nieumiejętność wyznaczania granic, zazdrość, narcyzm	Nieśmiałość, samotność, izolacja, brak empatii, zgorzknienie, krytycyzm	Powietrze	4
Tożsamość ego (samookreślenie)	Wstyd	Dominacja, obwinianie innych, agresja, rozproszenie, ciągła aktywność	Brak silnej woli, kiepskie poczucie własnej wartości, pasywność, opieszałość, lękliwość	Ogień	3
Tożsamość emocjonalna (samozadowolenie)	Poczucie winy	Nadmierna emocjonalność, nieumiejętność wyznaczania granic, uzależnienie seksualne, pobłażliwość	Surowość, oziębłość emocjonalna, lęk przed przyjemnością	Woda	2
Tożsamość fizyczna (instynkt samozachowawczy)	Strach	Ociężałość, opieszałość, monotonia, otyłość, skłonność do gromadzenia dóbr, materializm	Ciągłe poczucie strachu, brak dyscypliny, niepokój, niedowaga, zakłopotanie	Ziemia	1

Tabele obrazujące powiązania z czakrami.

- *Czakra druga: tożsamość emocjonalna, zorientowana na samozadowolenie.* Ten poziom skupia się na tym, jak i co czujemy – na naszych pragnieniach, popędach i doznaniach. Dotyczy tego, jak wybieramy to, czego chcemy i czego potrzebujemy. Tożsamość ta zadaje pytanie: „Czy czuję się dobrze, a jeśli nie, to co mogę zrobić, by poczuć się lepiej?"
- *Czakra trzecia: tożsamość ego, zorientowana na samookreślenie.* To stan świadomości, który skupia się na tym, czym staramy się być

w tym świecie, jak siebie określamy (samych siebie jak i innych ludzi) i co staramy się w ten sposób osiągnąć. Pomyśl o niej jak o tożsamości wykonawczej, która decyduje, jaki będzie „plan gry".

- *Czakra czwarta: tożsamość społeczna, zorientowana na samoakceptację.* Tożsamość społeczna po prostu chce kochać i być kochaną i akceptowaną przez innych. Reprezentuje naszą świadomość związaną z relacjami z innymi ludźmi, która obejmuje świadomość istnienia innych osób w naszym życiu jak i całą sieć związków międzyludzkich wokół nas. Może tworzyć zewnętrzną osobowość kosztem prawdziwego siebie, w celu zapewnienia sobie akceptacji. Na tym poziomie możemy tworzyć osobowość, która będzie przyjacielska, pomocna lub władcza, tylko po to, by inni ludzie nas lubili.
- *Czakra piąta: tożsamość kreatywna, zorientowana na autoekspresję i wyrażanie siebie.* Ten poziom świadomości skoncentrowany jest na aspekcie komunikacji, włączając w to zarówno słuchanie jak i mówienie, a także kreatywne wyrażanie siebie np. poprzez sztukę. Tutaj możemy mieć do czynienia z osobowością artysty, muzyka, nauczyciela lub uzdrowiciela.
- *Czakra szósta: tożsamość archetypowa, skupiająca się na refleksjach i przemyśleniach o sobie.* Gdy wzrastamy w świadomości, stajemy się świadomi „szerszej perspektywy" – archetypowych wzorców, które odsłaniają przed nami to, kim jesteśmy w szerszym ujęciu, być może nawet w kontekście naszego przeznaczenia czy sensu istnienia. To tutaj rozwija się nasza intuicja i kształtujemy wizje swego życia.
- *Czakra siódma: tożsamość uniwersalna, zorientowana na wiedzę o sobie samym.* Gdy przechodzimy do świata świadomości, zaczynamy zdawać sobie sprawę, że stanowimy część kosmicznej całości, w której nie ma miejsca na „wewnątrz" i „zewnątrz" i doświadczamy jedności z nią. Ta świadomość jest prawdziwym źródłem wiedzy.

Strumienie energii

Czakry oprócz tego, że stanowią *centra* energetyczne, zasilane są witalnymi prądami subtelnej energii. Kanały te są niczym autostrady, którymi energia z boskiego źródła dociera do naszego ciała. Wyobraź sobie mapę drogową, która pokazuje, jak pewne dobra dostarczane są z fabryki do sklepów. W filozofii jogi drogi te nazywane są *nadi*, co oznacza „strumień ruchu". Istnieją tysiące nadi począwszy od głównych strumieni do strumieni pomniejszych, zupełnie jak sieć dróg zawiera w sobie zarówno sześciopasmowe autostrady, kręte drogi dwupasmowe, drogi dojazdowe i podjazdy. Jedne nadi przenoszą więcej energii niż inne.

Trzy główne nadi energetyzujące czakry nazywane są *suszumna, ida* i *pingala*. Nadi *suszumna* to pionowy kanał biegnący w górę i w dół wzdłuż kręgosłupa. Teksty ezoteryczne podają, że ma on kilka warstw, przy czym jedynie warstwa umieszczona w samym centrum pozostaje w stałym ruchu kierując się ku czakrze korony. W tym środkowym kanale energia może wzrastać i maleć, ale generalnie postrzegana jest jako przepływająca z czakr niższych ku czakrom wyższym.

Dwa nadi formujące oplatający czakry kształt przypominający cyfrę osiem zwane są *ida*, co oznacza „księżyc" oraz *pingala,* czyli „słońce." Niosą one odpowiednio energię żeńską i męską przeplatając się wokół suszumny niczym spirale DNA. Jeśli założymy, że płynąca w nich energia porusza się w przeciwnych kierunkach – w jednym kanale płynie w dół, a w drugim w górę – można zobaczyć, jak stymulują wirowanie czakr, które poruszają się jak koła zębate, zmieniając kierunek rotacji – zgodnie z ruchem wskazówek zegara i przeciwnie. Jak już wspomnieliśmy wcześniej, czakry zachowują się niczym wielkie mechanizmy, które umożliwiają nam podróż poprzez życie (patrz rysunek 2 i 3).

Wielu uzdrowicieli i osób zajmujących się tematem czakr wierzy, że czakry wirują tylko w jednym kierunku, zazwyczaj zgodnie z ruchem wskazówek zegara, patrząc z perspektywy obserwatora. Jednak w świetle tantrycznej natury modelu czakr, która opiera się na biegunowości, nie sądzę, by miało to sens. Umieszczając wahadełko ponad obszarem ciała, gdzie znajduje się konkretna czakra, można zauważyć, czy energia wprawia wahadełko w ruch. Doniesienia na temat kierunku ruchu wahadełka są różne; jednak nie zgadzam się z poglądem, że czakra „wiruje do tyłu", jeżeli wahadełko kręci się przeciwnie do ruchu wskazówek zegara – przecież z perspektywy posiadacza owej czakry wiruje zgodnie z ruchem wskazówek zegara!

Strumienie wyzwolenia i manifestacji

Czujesz się czasem zablokowany? Uwięziony w powtarzających się schematach takich jak nawyki, nałogi czy przekonania? Chcesz się wyrwać z tych schematów, ale mimo że się starasz, one ciągle trwają. A może jesteś osobą, która żyje zatopiona we własnych myślach. Masz masę świetnych pomysłów, ale nie wiesz, jak wcielić je w życie. Wszystko to stanowi odzwierciedlenie faktu, że twoje strumienie „wyzwolenia" i „manifestacji" zostały zablokowane – zakłócony został ich przepływ poprzez czakry.

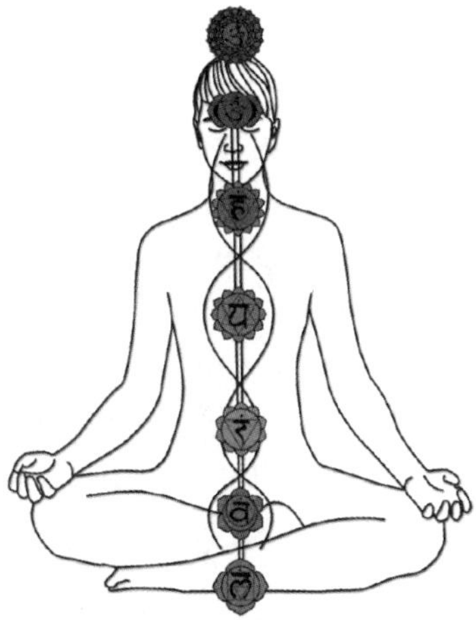

Rysunek 2: Nadi ida, pingala i suszumna.

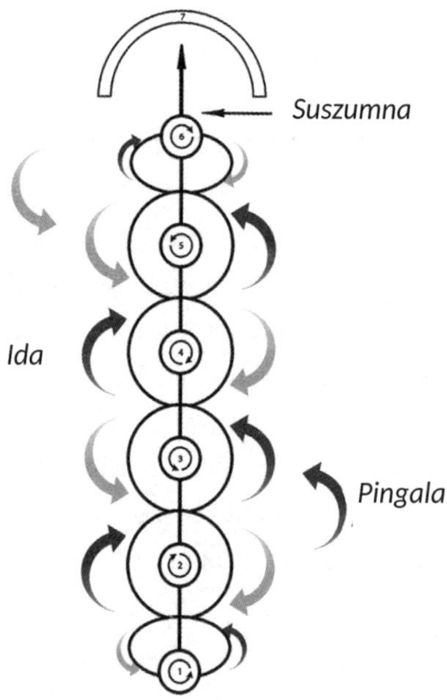

Rysunek 3: Wirowanie czakr jako rezultat strumieni biegunowych – idy i pingali.

Strumień wyzwolenia płynie z ziemi pod naszymi stopami do pierwszej czakry u podstawy kręgosłupa, a następnie pnie się w górę, czakra po czakrze, aż przeniknie czubek głowy i prosto z niego podąży w górę ku uniwersalnej świadomości. W starożytnych tekstach ów wznoszący się prąd zwany jest *mukti,* co oznacza „wolność". Ruch ten uwalnia nas od sztywnych form i przyzwyczajeń i mknie ku wolności i transcendencji.

Strumień opadający rozpoczyna swój bieg w kosmicznej sferze niebiańskiej. Wnika w czakrę korony jako świadomość lub myśl, a następnie opada w dół, czakra po czakrze, na każdym etapie uzyskując większą *gęstość,* aż w końcu manifestuje się na płaszczyźnie fizycznej. Nazywam to *strumieniem manifestacji*, czyli takim, przez który wcielamy w życie swoje marzenia. Prąd ten omówiłam znacznie szerzej w książce napisanej wspólnie z Lionem Goodmanem pt. „Creating on Purpose: Manifesting through the Chakras." W starożytnych tekstach ów prąd opadający nazywany jest *bhukti,* co oznacza „radość." To dzięki manifestacji boskich praw na ziemi możemy cieszyć się tak wieloma formami ich ekspresji i tworzyć sobie niebo tu, na ziemi.

Prądy wyzwalające i manifestujące stale mieszają energie na każdym poziomie czakr. W czakrze pierwszej, podstawowej mamy niewiele wyzwolenia, ale za to całkowitą manifestację. Nadaje nam ona formę fizyczną. Kiedy coś nabiera realnego kształtu, tak jak konstrukcja domu, bardzo jest to później zmienić, zatem na tym poziomie mamy do czynienia z niewielką ilością wyzwolenia. Jednakże w czakrze korony mamy sytuację odwrotną – niewiele jest manifestacji, za to nieskończenie wielka ilość wyzwolenia. Dzięki świadomości możemy mieć dowolne myśli, możemy wyobrażać sobie dosłownie wszystko, a inni nie są w stanie zobaczyć ani dotknąć naszych myśli, ponieważ nie mają one formy fizycznej. W czakrze gardła słyszymy manifestację fizycznego dźwięku, ale nie możemy go zobaczyć ani dotknąć. Z kolei na poziomie czakry serca oba strumienie są idealnie zrównoważone.

Aby być produktywnymi, kompletnymi istotami ludzkimi, potrzebujemy przepływu obu tych prądów. Bez wyzwolenia utkniemy w sztywnych wzorcach, co z kolei może prowadzić do uzależnień, natręctw, zachowań kompulsywnych i sytuacji bez wyjścia. Bez manifestacji nie jesteśmy w stanie spełniać naszych marzeń, przenosząc je w sferę świata realnego. Możemy mieć trudności z odczuwaniem i emocjami, podejmowaniem działań i szeroko pojętym życiem.

Strumienie wyzwolenia i manifestacji są głównym powiązaniem pomiędzy niebem a ziemią. Poruszają się w tym samym czasie i wprawiają czakry w ruch. Stanowią nasz najbardziej bezpośredni dostęp do boskiego źródła – wewnętrznego i zewnętrznego.

Strumienie odbioru i ekspresji

Istnieją jeszcze dwa inne strumienie, które z kolei dotyczą bardziej kwestii interpersonalnych. Przepływają w pozycji horyzontalnej, tworząc sieć połączeń pomiędzy ludźmi. Prądy te są silniejsze w czakrach środkowych, w których zachodzi większość procesów wymiany na poziomie interpersonalnym.

Strumień odbioru wychwytuje energię z naszego otoczenia na wiele sposobów – odbierając oznaki miłości, słuchając podczas komunikowania się, widząc czyjś piękny uśmiech. W zamian wysyłamy energię poprzez swoje czakry, np. w formie miłości, emocji lub idei i czynimy to za pośrednictwem *strumienia ekspresji*.

Gdy którykolwiek z tych strumieni zostanie zablokowany, tracimy zdolność do pełnego odbierania i wysyłania energii poprzez jedną lub więcej czakr. Przykładowo możemy mieć wówczas trudności ze słuchaniem innych lub mogą pojawić się problemy z przekazem werbalnym. Nasza zdolność do obdarzania miłością i przyjmowania miłości może ulec zablokowaniu.

Podczas blokady strumieni odbioru i ekspresji energię wokół i wewnątrz nas trudno jest zrównoważyć. W rezultacie możemy stać się *przeładowani*, co oznacza, że wewnątrz nas zgromadzi się nadmiar energii, która nie będzie miała ujścia, lub też możemy stać się *wyczerpani*, czyli będziemy wysyłać energię, nie pobierając żadnej z otoczenia. Ktoś kto ma pracę pełną wyzwań i brakuje mu czasu, by rozładować stres, będzie miał w sobie zbyt wiele energii i z łatwością może stać się przeładowany. Z kolei ktoś, kto w pracy w pełni poświęca się innym, jak pielęgniarka czy terapeuta, może stać się wyczerpany, jeśli nie znajdzie sposobu na uzupełnienie uszczuplających się zapasów energetycznych.

Nadczynność i niedoczynność

Tylko nieliczni z nas naprawdę żyją w stanie równowagi. Większość z nas wykonuje zbyt wiele jednych czynności, a za mało innych. Niektóre czakry mamy więc nadmiernie rozwinięte, inne pozostają zbyt mało rozwinięte. W rezultacie czakry mogą znajdować się w stanie *nadczynności* lub *niedoczynności*, a czasem ich stan to kombinacja obu tych czynników. Czakry w stanie nadczynności mają zbyt wiele energii, a te w stanie niedoczynności mają jej zbyt mało. Czakry w stanie niedoczynności to rezultat strategii *uniku* i przytłaczających wzorców nadmiernej kompensacji. Ważnym jest, by zdać sobie sprawę, że jest to zwykle skutek powtarzalności naszych schematów obronnych, rzadziej przeżytej traumy – jak nieotrzymywanie wystarczająco dużo miłości czy skupianie na sobie zbyt wiele negatywnej uwagi.

Jeden z moich klientów, nazwijmy go Sammy, unikał własnych emocji (czakra druga) oraz podejmowania ryzyka (czakra trzecia). W rezultacie kiedy do mnie przyszedł, nie mógł w pełni odczuwać siebie samego – miał bowiem blokady w obszarze bioder i brzucha. Jego czakra druga i trzecia znajdowały się w stanie niedoczynności. Z tego powodu jego energia była kierowana w inne miejsce – pewnie już zgadłeś – prosto do głowy. Był bardzo inteligentny, jednak jego strumień opadający, czyli strumień manifestacji, nie pokonywał całej swej drogi i nie docierał tam, gdzie powinien, bowiem blokował się w czakrach znajdujących się w stanie niedoczynności. Zatem mimo że Sammy był osobą bardzo błyskotliwą, miał problemy w manifestowaniu swoich pomysłów. W pracy był pomijany przy awansach i miał problemy z ukończeniem zawodowych projektów.

Z kolei Marilyn miała zranioną czakrę serca z powodu niedostatecznej ilości miłości i uwagi w dzieciństwie. Chciała to sobie zrekompensować, starając się być stale w centrum uwagi i ciągle angażując się w różne aktywności społeczne. W zasadzie trudno jej było być samej ze sobą. Rozwinęła w sobie czakrę serca pozostającą w stanie nadczynności, która cierpiała na tę nadczynność nie z powodu zbyt dużej ilości miłości, ale z powodu nadmiernego skupiania się na próbach pozyskania miłości. W rezultacie była tak skoncentrowana na swoim życiu społecznym, że miała zbyt mało czasu dla siebie – brakowało jej czasu na wyciszenie i kontemplację wyższych czakr. Była znakomicie uziemiona, ale nie potrafiła usiąść w miejscu i medytować. Nie umiała także wsłuchiwać się w swój wewnętrzny głos. Jej strumień wyzwolenia został zablokowany.

Kiedy za bardzo skupiamy się na konkretnym obszarze, co ma nam zrekompensować coś innego, czego nam brakuje, wówczas tworzymy w czakrze stan nadczynności. Jeżeli dominacją nad innymi staramy się zrekompensować sobie własną słabość, wówczas w stan nadczynności wprowadzamy trzecią czakrę. Jeśli zbyt dużo mówimy, na nadczynność zaczyna cierpieć nasza piąta czakra. Z czasem to zachwianie równowagi może powodować prawdziwe blokady, które będą utrudniać swobodny przepływ energii przez cały system. Blokada w jednej czakrze może oddziaływać na inną czakrę – kiedy osłabnie nasze połączenie z ciałem i zaczniemy skupiać się wyłącznie na naszych myślach lub gdy wybierzemy władzę kosztem miłości.

Zrównoważenie czakr wymaga zrównoważenia nadczynności i niedoczynności. Czakry w stanie nadczynności wymagają wyzwolenia tkwiącej w nich energii, aby móc powrócić do stanu równowagi. Przykładowo, gdy na nadczynność cierpi nasza piąta czakra (komunikacja), musimy pozbyć się potrzeby nadmiernego paplania. Jeśli w stanie nadczynności znajduje się nasza pierwsza czakra i zauważamy u siebie tendencję do przybierania na wadze (jest to jedna z charakterystycznych cech nadczynności w czakrze korzenia), wówczas musimy zrzucić tę wagę i uwolnić energię poprzez aktywność fizyczną. Jeśli w stanie nadczynności znajdzie się trzecia czakra (siła i wola), wówczas musimy pozwolić sobie na utratę ciągłej kontroli.

Dla odmiany czakry pozostające w stanie niedoczynności muszą *przyciągnąć* do siebie energię, zamiast jej unikać. Gdy unikamy kontaktu z własnym ciałem (niedoczynność w pierwszej czakrze), możemy skupić się na ciele poprzez masaż, ćwiczenia fizyczne czy jogę. Jeśli nasza trzecia czakra znajduje się w stanie niedoczynności, wówczas powinniśmy znaleźć w sobie odwagę, by podejmować wyzwania i ryzyko. Gdy deficyt dotyczy czakry serca, powinniśmy pozwolić sobie czerpać więcej z otoczenia – za pośrednictwem strumienia odbioru.

Jak pracować z czakrami

Praktyka duchowa to jedynie to, co robisz właśnie teraz. Wszystko inne to fantazja.

Jack Kornfield

Jednym z przepięknych aspektów systemu czakr jest to, iż jest on tak niesamowicie wielowymiarowy. Istnienieje wiele różnych sposobów, by dotrzeć do czakr i wprowadzić je w stan równowagi. Wszystko zaczyna się od świadomości. Które obszary twego ciała są problematyczne? Jakie aspekty twego życia nie funkcjonują tak jak powinny – związki z innymi ludźmi, zdrowie czy sposób zarabiania na życie? Na czym się koncentrujesz, gdy wykonujesz automatycznie różne czynności jak prowadzenie auta czy zmywanie naczyń? Czy skupiasz się na tym, jak się czujesz? Oznacza to, że twoja druga czakra przykuwa twoją uwagę. Czy koncentrujesz się na wewnętrznych dialogach prowadzonych z innymi w myślach? To wskazuje na czakrą piątą, związaną z komunikacją. Czy skupiasz się na myślach o nadchodzącym posiłku? To z kolei oznacza związek z czakrą pierwszą, czakrą instynktu samozachowawczego. A może skupiasz się na relacjach z innymi ludźmi? To wskazuje czakrę serca.

Poniżej znajduje się lista różnorakich sposobów na pracę z czakrami. W każdym z rozdziałów tej książki znajdziesz określone ćwiczenia, które mogą stać się częścią twojego arsenału metod na przebudzenie, uzdrowienie i zrównoważenie czakr.

1. *Ciało.* Ćwiczenia fizyczne stymulują ciało. Trening wprawia twoją energię w ruch, a gdy energia znajduje się w ruchu, łatwiej jest uzyskać dostęp do czakr. Joga została stworzona, by stymulować czakry, a jej poszczególne pozycje mają za zadanie dostarczać energię do różnych obszarów ciała np. otwarcie bioder jest szczególnie dobre dla czakry drugiej, a ćwiczenia otwierające klatkę piersiową stworzone są dla czakry serca. Ponadto wpływ na czakry mają także takie praktyki jak masaż, chiropraktyka czy zmiana diety.
2. *Wizualizacja.* Możesz wizualizować kolory we wszystkich czakrach, wyobrażając sobie światło przesuwające się w górę i w dół wzdłuż kręgosłupa lub wizualizować przepływ energii w kanałach energetycznych albo wyobrażać sobie, że twoje czakry otwierają się i zamykają. Starożytne praktyki wizualizacji opierały się głównie na wizualizacji bóstw i symboli przypisanych poszczególnym czakrom.
3. *Intonowanie.* Każda czakra powiązana jest z określonym dźwiękiem, zwanym bija mantra, który ma za zadanie stymulować daną czakrę, kiedy intonuje się go na głos lub w ciszy. (Ten temat zgłębimy w rozdziale poświęconym czakrze piątej.)
4. *Praktyki oddechowe* zwane także pranayama. Możesz skoncentrować swój oddech na dowolnej czakrze, wyobrażając sobie, że to sama czakra wdycha i wydycha powietrze.
5. *Relacje z innymi.* Kiedy wchodzisz w interakcję z inną osobą, interakcja ta obejmuje wszystkie twoje czakry. Często w związkach międzyludzkich tkwią nierozwiązane kwestie, które mogą być związane z dowolną czakrą. Zatem związki stanowią niezwykłą próbę, w której możesz zgłębić swoje czakry.
6. *Świat zewnętrzny.* Twoja wewnętrzna praca nic nie znaczy, jeśli nie pokazujesz jej efektów w świecie zewnętrznym. Podobnie

też istnieją czynności, które możesz wykonywać, by pomóc w rozwoju swoich czakr, chociażby poprzez organizację swojej przestrzeni do pracy czy posprzątanie w szafkach (czakra pierwsza), napisanie wiersza czy nauka piosenki (czakra piąta), czy też postawienie przed sobą zadania rozwinięcia w sobie silnej woli (czakra trzecia) albo zmiana diety czy ustalenie reżimu treningowego.

7. *Uzdrawianie energetyczne.* Wiele osób praktykujących pracę z czakrami posiada umiejętność usuwania energii zastałej w czakrach za pomocą własnych dłoni. Często dłonie nie muszą nawet dotykać ciała, by pojawiła się jakakolwiek ulga, chociażby uczucie lekkości bytu. Dzięki umiejętnej pracy z energią można wyraźnie wpływać na czakry, które są wszak centrami energetycznymi.
8. *Medytacja.* Ostatnim, lecz bynajmniej nie najmniej ważnym sposobem pracy z czakrami, jest medytacja w ciszy, która pozwala czakrom pozbyć się starych wzorców i napełnić się świeżą energią. Medytacją nad konkretną czakrą pozwala zwiększyć swoją świadomość na poziomie tej czakry. Medytacja nad określonym aspektem, takim jak relacje międzyludzkie lub kreatywność, umożliwia wzrost świadomości w tej danej kwestii. Medytacja w ujęciu ogólnym działa niczym odświeżający tonik dla całego systemu ciała i umysłu.

CO NALEŻY ZAPAMIĘTAĆ

- Czakry to centra odbioru, asymilacji i transmisji życiodajnej energii.
- Klasyczny system czakr składa się z siedmiu czakr z kilkoma mniejszymi czakrami umieszczonymi na dłoniach, stopach, pod sercem i wewnątrz wyższych czakr.

- ❖ Poszczególnym czakrom odpowiadają archetypowe żywioły: ziemia, woda, ogień, powietrze, dźwięk, światło i świadomość.
- ❖ Czakry stanowią punkty ogniskowe witalnych strumieni energii w ciele. Główne prądy energetyczne to strumienie wyzwolenia, manifestacji, odbioru i ekspresji.
- ❖ Czakry mogą się znaleźć w stanie nadczynności lub niedoczynności. Stan nadczynności jest rezultatem kompensacji, a stan niedoczynności powstaje na skutek strategii uniku.

Czakra pierwsza

Ziemia

Czakra pierwsza

Ziemia

Nie osiągniemy pokoju na ziemi, dopóki sami nie pogodzimy się z ziemią.

Julia Butterfly Hill

Lokalizacja:	Podstawa kręgosłupa
Nazwa i znaczenie:	Muladhara, podpora korzeni
Cele:	Ucieleśnienie, uziemienie, zaangażowanie
Żywioł:	Ziemia
Zasada:	Grawitacja
Wiek rozwoju:	Życie płodowe i 1 rok życia
Tożsamość:	Tożsamość fizyczna
Zorientowanie:	Instynkt samozachowawczy
Negatywna domena:	Strach
Prawo:	Mieć
Dźwięk:	*Lam*
Kolor:	Czerwony
Forma zrównoważona:	Uziemienie, solidność, stabilność

Przywiązanie do ziemi

Jeśli zamierzasz zacząć od podstaw, musisz zejść na ziemię, dostać się do korzeni wszystkich rzeczy. Tu właśnie znajdziesz fundamenty systemu czakr i tu rozpocznie się twoja podróż poprzez czakry, wzdłuż kręgosłupa. Czakra korzenia zlokalizowana u podstawy kręgosłupa zawiaduje dolną częścią tułowia, jak również nogami, stopami, jelitem grubym i okrężnicą, a także układem kostnym, czyli najtwardszą częścią ciała człowieka. Jeśli masz problemy zdrowotne z którąkolwiek z tych części ciała, potraktuj to jako zaproszenie, by otworzyć i zrównoważyć swoją pierwszą czakrę.

Stworzenie solidnych postaw będzie stanowiło oparcie dla wszystkich twoich kolejnych działań. Ma to odzwierciedlenie w oryginalnej, pochodzącej z sanskrytu, nazwie pierwszej czakry: *Muladhara*, co oznacza „podporę korzeni", innym tłumaczeniem jest również „fundament." Jest to odpowiednia nazwa, ponieważ twoje korzenie zakopują się w żywiole pierwszej czakry, czyli *ziemi*, zapewniając ci odpowiednie podparcie i odżywienie niezbędne do życia – a zatem pierwsze wyzwanie w grze zwanej życiem zostało wykonane. Ten poziom świadomości jest bowiem zorientowany na *instynkt samozachowawczy*, zwłaszcza poprzez zdolność rozpoznawania podstawowych potrzeb twego ciała – nie tylko po to, by utrzymać się przy życiu, ale by się rozwijać.

Tak samo jak donica utrzymuje grunt wokół korzeni rośliny zapewniając jej stabilne środowisko rozwoju i wzrostu, tak samo pewne aspekty tworzące konstrukcję twego życia – dom, praca, ciało fizyczne, dieta, ćwiczenia – stabilizują cię, zapewniając wsparcie, byś mógł cieszyć się długim życiem w pełni zdrowia. Jeśli jesteś osobą wyjątkowo oporną i nie zwracasz uwagi na ten poziom egzystencji, tracisz możliwość czerpania korzyści płynących z posiadania silnej pierwszej czakry, która stanowi iście solidną podporę.

Wiele osób interpretuje drogę duchową jako odsuwanie się od żywiołu ziemi, jako że żywioł ten jest gęsty, ciężki i posiada swoje ograniczenia. W zasadzie koncentrowanie się na tym poziomie często bywa postrzegane jako „materialistyczne", co stanowi wręcz antytezę duchowości. Jednakże dzięki mojej czterdziestoletniej pracy nad systemem czakr, stwierdzam, że żadne stwierdzenie nie jest dalsze od prawdy. Uziemienie stanowi niezwykle istotną część rozwoju duchowego. Każdy ogrodnik powie, że aby rośliny mogły rosnąć silne i wysokie, muszą się dobrze i głęboko ukorzenić. Co by się stało, gdybyś ciągnął roślinę za korzenie, chcąc w ten sposób pomóc jej szybciej rosnąć i sięgnąć nieba? Inna kwestia to fakt, że im lepsza jest ziemia i im silniejsze i głębsze ukorzenienie, tym lepiej roślina może przeciwstawić się niesprzyjającym czynnikom takim jak palące słońce, deszcz i wiatr, oraz tym wyżej może rosnąć. Korzenie pierwszej czakry nie stanowią wcale negacji duchowości, lecz są miejscem, od którego rozpoczyna się cała duchowa podroż!

Paradoks pierwszej czakry

Podstawowa zasada pierwszej czakry jest poniekąd paradoksem, ponieważ brzmi: *Musisz naciskać w dół, aby wznieść się w górę*. Pomyśl, co się dzieje, kiedy podskakujesz. Najpierw uginasz kolana, a następnie odpychasz się od ziemi. Im bardziej ugniesz kolana i im silniej się odepchniesz, tym wyżej podskoczysz. Prawdą jest również, że im twardsza jest ziemia, tym łatwiej jest skakać. Trudniej podskakuje się na piaszczystej plaży niż na betonie. A zatem solidny fundament, na którym możesz się oprzeć, zapewnia ci stabilną podporę, od której możesz się odepchnąć i bezpiecznie podążyć w górę ku wyższej świadomości i wyższym czakrom. Właśnie owa solidność pozwala twojej energii wzrastać i rozwijać się.

Odepchnięcie się od solidnej ziemskiej płaszczyzny wymaga także pewnego zaangażowania energetycznego. Tak jak sprzęgło w samochodzie pozwala uruchamiać biegi, tak zaangażowanie płaszczyzny ziemskiej energetyzuje ciało i wprawia rzeczy w ruch.

Jeśli równowaga pierwszej czakry jest zaburzona lub jeśli twoje fundamenty nie są wystarczająco solidne, w większości twoich czakr rozwinie się strategia kompensacji lub uniku. Przykładowo, Sandra nie czuje się w pełni uziemiona, rozwinęła więc w sobie kompensację w trzeciej czakrze zorientowanej na wolę i władzę i kontroluje wszystko wokół siebie. Z kolei George rekompensuje sobie poczucie oderwania od własnego ciała, bardzo dużo myśląc i starając się wszystko analizować, by tylko poczuć się bezpieczniej.

W konsekwencji może się okazać, że problemy w którejkolwiek z czakr, tak naprawdę mają swoje „korzenie" w czakrze podstawy. Moja przyjaciółka Amy często narzeka, że czuje się w swoim życiu totalnie bezsilna, jednakże prawdziwym źródłem jej słabości jest grząski grunt – zamiast solidnych fundamentów. Dotarcie do sedna danej sprawy jest zawsze kluczowe, by móc zacząć nad nią pracować.

Gdy czakra Muladhara otworzy się i osiągnie równowagę, odczujesz większą stabilność życiową, poczujesz się zdrowiej i lepiej w swojej skórze. Łatwiej ci będzie wcielać w życie swoje pomysły i przeżyć całe życie w stanie pomyślności. Jednak osiągnięcie równowagi w tej czakrze, wcale nie jest takim łatwym zadaniem!

Znaczenie symbolu pierwszej czakry

Cztery płatki ukazane w symbolu pierwszej czakry można postrzegać jako reprezentację czterech kierunków świata: północy, wschodu, południa i zachodu, które zapewniają nam orientację w fizycznej przestrzeni. Kwadrat wewnątrz okręgu symbolizuje solidność pochodzącą z twardego fundamentu osadzonego stabilnie w ziemi.

Pochodząca z sanskrytu litera wpisana w kwadrat to *bija mantra*, dźwięk, który wymawiamy mówiąc *Lam*. Powtarzanie tego dźwięku aktywuje żywioł ziemi.

W symbolu widnieje także zwierzę – jest nim słoń z siedmioma trąbami. Słoń jako zwierzę bardzo ciężkie, jest silnie uziemiony, ale dzięki siedmiu trąbom może on sięgać ku kolejnym sześciu czakrom.

Wewnątrz kwadratu znajduje się również trójkąt skierowany jednym wierzchołkiem ku dołowi. Reprezentuje on „moc Shakti", która nabiera energii poprzez odpychanie się od dołu, by móc podążać w górę. W trójkącie tym umieszczony został lingam[2]

[2] Lingam, Linga – termin z metafizyki hinduizmu, w sanskrycie oznacza: „znak", „emblemat", „przejaw", „symbol", „pieczęć", „stworzenie"; Lingam ma kształt pionowej zaokrąglonej kolumny lub bryły o kształcie owalnym, pierwotnego jaja, z którego zrodził się wszechświat. Kamienny hinduistyczny lingam to najczęściej obiekt kultu boga Shivy (przyp. tłum.).

Shivy, umieszczony pionowo, trzymany przez boginię Shakti. Wokół niego owinięty jest boski wąż energii zwany Kundalini. Kiedy pierwsza czakra zostaje napełniona energią, Kundalini rozwija się i rozpoczyna swą podróż w górę kręgosłupa, po drodze przenikając i rozbudzając każdą napotkaną czakrę.

Proces pracy z Kundalini może przebiegać stosunkowo gładko i łatwo lub też może sprawić, że twoje życie zatrzęsie się w posadach. Jeśli jesteś odpowiednio uziemiony, a twoje czakry są otwarte i gotowe na przyjęcie dodatkowego strumienia energii Kundalini, wówczas ich przebudzenie będzie błogim doznaniem. Jeśli twoje fundamenty są solidne, podróż w górę kręgosłupa będzie spójna i logiczna, ale jeśli twój grunt jest grząski i niepewny, wówczas podróż ta stanie się całkowicie chaotyczna.

To wszystko dzięki instynktowi

Dobry instynkt zazwyczaj mówi ci, co masz zrobić,
zanim wymyśli to twoja głowa.

Michael Burke

Pewna moja klientka imieniem Emily od zawsze ignorowała własne ciało. Samotna matka, która urabiała sobie ręce po łokcie, starając się być jednocześnie dobrym profesorem na uczelni jak i idealną matką. Jej życie stanęło nagle na głowie, gdy zdiagnozowano u niej raka piersi. Co oczywiście zrozumiałe, owo zagrożenie życia i pragnienie przetrwania całkowicie zdominowały jej świadomość. Wygrała z chorobą, ale nie obyło się bez radykalnych zmian – nawyków żywieniowych, ćwiczeń fizycznych i przyzwyczajeń – oraz przestawienia swoich priorytetów. Musiała ponownie zwrócić się ku podstawowym instynktom swego ciała i nauczyć się słuchać ich mądrości. Był to prawdziwy powrót do korzeni i do pierwszej czakry.

Wyzwanie dotyczące kwestii przetrwania to pierwsze z wyzwań, z jakimi przyjdzie nam się zmierzyć podczas naszej podróży. Wszak musimy pozostać w grze, by móc w nią dalej grać. Na szczęście nasze ciała są zaprogramowane na przetrwanie i wyposażone w instynkty, które automatycznie sprawiają, że pocimy się, gdy jest gorąco, drżymy, kiedy jest zimno, podskakujemy, słysząc nagły dźwięk lub szykujemy się do ucieczki przed niebezpieczeństwem, a wszystko to robimy, nawet o tym nie myśląc. Wiele rzeczy rozgrywa się poza naszą świadomością – serce bije swoim rytmem, płuca kurczą się i rozszerzają, a żołądek „wyciska" witaminy i kalorie z każdego skonsumowanego kęsa pokarmu.

Inteligencja cielesna jest w znacznej mierze instynktowna – podłączona do naszego systemu nerwowego w taki sam sposób jak podłączamy nowo kupiony komputer. Nasze instynkty pochodzą z bardzo starej i prymitywnej części mózgu, która dosłownie przejmuje kontrolę nad naszą świadomością, gdy tylko czujemy się zagrożeni. Kiedy ktoś celuje do nas z broni, zostajemy nagle eksmitowani z domu lub znienacka tracimy pracę, wówczas trudno nam myśleć o czymkolwiek innym, dopóki kwestie związane z naszym przetrwaniem i bezpieczeństwem nie zostaną w pełni rozwiązane. Lecz gdy ta sprawa zostanie już rozstrzygnięta, wówczas nasza uwaga będzie wolna i będzie mogła cieszyć się wyższymi poziomami świadomości.

Ponieważ nasza świadomość przetrwania jest tak pierwotna i podstawowa, związana jest właśnie z czakrą pierwszą. Oddziałuje na nasze myśli i działania, wpływa na obieg krwi i ruch mięśni, a także angażuje wszelkie dostępne, niezbędne do życia zasoby energetyczne. Nasz gatunek nie zaszedłby w ewolucji tak daleko, gdyby nie ten pierwotni mechanizm. Mamy co prawda zdolność przezwyciężania owych instynktów, ale niesie ona ze sobą pewne ryzyko – może to grozić chorobą, izolacją od własnego ciała i utratą kontaktu z własną jaźnią i otaczającą rzeczywistością.

Uziemianie ciała

Więcej rozsądku jest w twym ciele,
niźli w twej największej mądrości.
Friedrich Nietzsche

Świadomość związana z przetrwaniem łączy nas z naszą *tożsamością fizyczną*, która z kolei zorientowana jest na *instynkt samozachowawczy*. Oznacza to, że możemy rozpoznawać i identyfikować potrzeby naszego ciała. Jeśli owa tożsamość pozostaje w stanie równowagi, wiemy, kiedy jesteśmy głodni lub zmęczeni, kiedy potrzebujemy się rozruszać, a kiedy pozostać w bezruchu, zdajemy sobie sprawę, gdzie w przestrzeni fizycznej znajduje się nasze ciało.

Jeśli nie do końca identyfikujemy się z naszym ciałem, wówczas mamy problem z dostrzeżeniem tych rzeczy. Łatwo wtedy doprowadzić się do stanu przemęczenia, bywa, że zapominamy o posiłkach lub niezdarnie potykamy się o różne przedmioty. Jeśli jednak będziemy się nadmiernie identyfikować z naszym ciałem, wówczas mogą nas zanadto pochłonąć kwestie cielesności – będziemy niewolnikami własnych cielesnych żądań, zaczniemy obsesyjnie zamartwiać się każdym bólem, skurczem czy nadprogramowym kilogramem. Tożsamość fizyczna jest niezmiernie ważna, ale – o ile jesteśmy bezpieczni i nic nam nie zagraża – idealnie byłoby, gdyby stanowiła ona tło dla świadomości, pozwalając nam myśleć o zupełnie innych sprawach.

Nasze ciało to pojazd, dzięki któremu odbywamy podróż przez życie. Mamy tylko jedno ciało, które musi nam posłużyć przez całe życie, zatem tak ważne jest, byśmy o nie dobrze dbali. To chyba jedyna rzecz jaką znam, którą dostajemy zaledwie jedną na cały okres życia. Z dala od cielesności, w której tkwimy, znajduje się jeszcze jeden, bardzo wyrafinowany pojazd – taki, który może zabrać nas, dokądkolwiek zapragniemy i to przy zaangażowaniu wszystkich zmysłów. Umysł ma zdolności do racjonalizacji i jest w stanie uwierzyć nawet w coś, co nie jest prawdziwe, lecz ciało nigdy nie kłamie. Zawsze zawiera w sobie ziarno niezaprzeczalnej prawdy.

Chociaż wszystkie czakry umiejscowione są w ciele, pierwsza czakra bardzo silnie związana jest z cielesnością. Nasze zdrowie, kondycja i zdolność do wsłuchiwania się w swoje ciało mają bezpośrednie przełożenie na inne aspekty pierwszej czakry: zdolność do stabilnego życia w dostatku, bycia w nim w pełni obecnym oraz ustanawiania swoich granic – mówiąc w skrócie: pozwala nam mieć wystarczająco dużo i jednocześnie wiedzieć, kiedy nam już wystarczy.

Ćwiczenie: Podstawowe uziemienie

Twoje nogi są niczym dwa bolce wtyczki elektrycznej, którą podłącza się do gniazdka elektrycznego ziemi. Kiedy się podłączysz, każda z twoich czakr będzie odbierała inne częstotliwości. Ale aby móc przenosić tę energię pomiędzy ziemią a ciałem, musisz naenergetyzować swoje nogi.

Krok pierwszy

- Stań prosto na stopach rozstawionych na szerokość rozstawu ramion. Czubki stóp skieruj lekko do środka, a pięty oddal od siebie – będzie to troszkę wyglądało jakbyś miał lekką krzywicę stóp. Nie blokuj kolan, postaraj się je lekko ugiąć. *Będzie to twoja podstawowa pozycja uziemiająca.*
- A teraz naenergetyzuj tę pozycję, naciskając stopami *w dół i na zewnątrz*, jakbyś próbował wypchnąć deski podłogowe spomiędzy swoich stóp. Zauważ, że sprawia to, że twoje ciało czuje się silniej osadzone w płaszczyźnie ziemi.

Ćwiczenie tej pozycji przyda ci się za każdym razem, gdy odczujesz potrzebę uziemienia, zwłaszcza w sytuacjach zmagania się z przeciwnościami.

Krok drugi

Po osiągnięciu podstawowej pozycji, czas byś naenergetyzował nogi, by za ich pośrednictwem wchłonąć z ziemi więcej energii do aktywacji pierwszej czakry. Gdy pierwsza czakra zostanie aktywowana, energia się w końcu przeleje i popłynie ku kolejnym czakrom. Opanowanie tej metody to dobry sposób na uziemienie wyższych czakr w stabilności ciała fizycznego.

- Stojąc w pozycji opisanej powyżej, naciskając stopami w dół i na zewnątrz, ugnij kolana i zrób głęboki wdech. Wyobraź sobie, że poprzez swoje nogi wciągasz energię ziemi i kierujesz ją do pierwszej czakry.
- Podczas wydechu skup się na powolnym nacisku wywieranym stopami na podłogę – i zupełnie jakbyś chciał się od niech odepchnąć, zacznij lekko rozprostowywać kolana. Bądź przy tym ostrożny i nie staraj się wyprostować ich całkowicie – wyprostuj

je do ok. 90%, pozwalając, by nadal były leciutko ugięte. Jeśli całkowicie wyprostujesz nogi, zniwelujesz ładunek energetyczny, jaki starasz się w nich zgromadzić.

- Powtarzaj ten ruch przez minutę lub dwie, bardzo powoli uginając nogi podczas wdechu i odpychając się nimi podczas prostowania kolan w czasie wydechu. Niech twoje ruchy będą powolne i płynne, a nie mechaniczne. Poczuj, jak łączysz się z solidną formą ziemskiej płaszczyzny, a energia przepływa przez twoje nogi.
- W większości przypadków po kilku minutach wykonywania ćwiczenia odczuwalne jest delikatne drżenie nóg. A owo drżenie jest właśnie tym efektem, który chcemy osiągnąć. Jest to bowiem przejaw energii, która wnika w korzenie twoich nóg. Sprawdź, czy nadal możesz poruszać nogami, nie niwelując przy tym uczucia drżenia. Spróbuj odkryć, co sprawia, że drżenie się wzmaga i trzymaj się tego. Czy drżenie wzmaga się, gdy nogi są niemal wyprostowane, a ty odpychasz się od podłogi? Czy może wzrasta, gdy uginasz kolana albo próbujesz „rozsunąć" deski podłogowe pod stopami? Zauważysz, że im dłużej wykonujesz to ćwiczenie, tym wyraźniejsze staje się drżenie. I tak właśnie powinno być.
- Staraj się gromadzić ładunek energetyczny w nogach i sprawdź, czy jesteś w stanie wpuścić go do ciała. Jeśli w którymkolwiek momencie poczujesz dyskomfort z powodu drżenia – może się tak stać, gdy otrzymasz zbyt wiele energii – po prostu zakończ ćwiczenie i rozluźnij nogi. Pozwoli to pozbyć się nadmiaru energii i przywróci cię do normalnego stanu.

Kiedy i dlaczego stosować to ćwiczenie?

- Kiedy czujesz się ociężały lub ospały.
- Kiedy potrzebujesz się bardziej uziemić lub skoncentrować.
- By lepiej odczuć własną cielesność.

- By wzmocnić nogi.
- By odzyskać poczucie stabilności.
- By pozyskać dla ciała więcej energii.

Sposoby na wzmocnienie tego ćwiczenia:

- Wbijając się mocno w ziemię, powiedz słowo „Ja".
- Wizualizuj to słowo, wyobrażając sobie jak litera J staje się w tobie pionową kolumną energii.
- Kontynuuj, mówiąc „Ja jestem" i wyobraź sobie, że J wykracza poza obszar twego ciała.
- Dodaj jeszcze „Ja jestem tutaj", by poczuć, że w pełni, całkowicie zajmujesz swoje ciało.
- Dokończ, mówiąc „Ja jestem tutaj, a to jest moje" – w ten sposób zawłaszczasz sobie kawałek ziemi, na której stoisz.

Czego unikać?

- Unikaj przeładowania energią, zwłaszcza jeśli masz skłonności do niepokoju.
- Staraj się nie oddychać płytko, bo może to powodować zawroty głowy. Kiedy poczujesz zawroty, zegnij się wpół i pozwól, by przez chwilę twoja głowa swobodnie zwisała w dół, na poziomie niższym niż poziom bioder.
- Unikaj całkowitego wyprostowania kolan i przeprostu.
- Unikaj wszystkiego, co sprawia ci ból, zwłaszcza jeśli doznałeś kiedyś urazów kolan, kostek lub stóp.

Okres rozwojowy pierwszej czakry

Nasza cielesność objawia się zazwyczaj w trakcie pierwszego roku życia, zaraz po tym jak opuścimy łono matki. Dotyk i objęcia naszych rodziców dostrajają nasz wewnętrzny „interfejs" do doznań cielesnych – tak jak po masażu stóp, nagle przypominamy sobie, że faktycznie mamy stopy. Rodzice stanowią pierwsze ogniwo w naszym kontakcie ze światem zewnętrznym – łączą z nim i chronią nas. Zapewniają nam ciepło, dotyk, pokarm i wygody, dając nam to, czego potrzebujemy do życia. Dbają o nas, gdy jesteśmy jeszcze zbyt młodzi, by zadbać sami o siebie, a to z kolei daje nam poczucie bezpieczeństwa. Zwłaszcza matka jest niezwykle ważna podczas pierwszego roku życia, kiedy to nasza świadomość jest w znacznej mierze skoncentrowania na podstawowych funkcjach ciała – jedzeniu, trawieniu, chwytaniu przedmiotów, raczkowaniu i chodzeniu.

Jeśli nie byłeś przytulany i dotykany w czasie „odkrywania" swego ciała, wówczas dosłownie wstrzymujesz się energetycznie. A to może już być niemal kwestią życia i śmierci. Wokół pierwszej czakry mogą powstawać wzory blokad energetycznych, przez co trudno nam będzie zaufać światu zewnętrznemu i cieszyć się tym, co oferuje. Bez tego zaufania możesz zacząć kwestionować swoje podstawowe „prawo do posiadania", co znajdzie odzwierciedlenie w wielu aspektach życia – finansach, pracy, domu czy związkach międzyludzkich. Być może jak niektórzy z moich klientów, początkowo będziesz miał te wszystkie rzeczy, ale nie będziesz w stanie ich na dłużej zatrzymać. Możesz zbić fortunę, a potem ją stracić lub zbyt często zmieniać pracę, by awansować na wyższe stanowisko lub zbudować sobie ścieżkę kariery.

Aby „mieć" wszystko to, czego potrzebujesz i pragniesz w życiu, musisz rozluźnić naturalną tendencję pierwszej czakry do wstrzymywania, tak by zrobić w niej miejsce na to, co możesz otrzymać. Może ci w tym pomóc ćwiczenie uziemiające opisane powyżej, ale równie pomocne mogą być poniższe afirmacje:

- Jestem bezpieczny.
- Mam to, co potrzebne jest do przeżycia.
- Potrafię sam o siebie zadbać.
- Kocham swoje ciało.
- Otrzymuję wsparcie.
- Mam prawo tu być.
- Jestem stabilny i solidny
- Jestem *tutaj*.
- To ciało jest moje.

Większa część „programu" pierwszej czakry zapisywana jest w naszej psychice i układzie nerwowym podczas pierwszego roku życia. W okresie od narodzin do stawiania pierwszych kroków jesteśmy stale zajęci rozwijaniem swego ciała i odkrywaniem, jak to jest żyć w fizycznym świecie. Na etapie niemowlęctwa nasze podstawowe potrzeby muszą być zaspokajane za pośrednictwem innych ludzi, ponieważ jesteśmy zbyt bezradni, by móc sami o siebie zadbać. Jeśli owe potrzeby są właściwie zaspokajane, w głębi naszego prymitywnego mózgu pojawia się informacja, że świat jest bezpiecznym miejscem i że mamy wszystko, czego nam potrzeba do przeżycia. Innymi słowy rozwijamy sobie solidne fundamenty – poczucie gruntu pod nogami. Jeśli tak się nie dzieje, nasza pierwsza czakra może się czuć zagrożona czy doznać urazu – w zależności od stopnia trudności danej sytuacji – a nasze życie zaczniemy budować na dość niepewnym gruncie.

Możesz być jedną z tych osób, które dorastając, nie czuły się zbyt pewnie ani nie miały poczucia bezpieczeństwa. Zaniedbanie, porzucenie, przemoc, ubóstwo i choroby to kwestie, które negatywnie wpływają na zdolność pierwszej czakry do uziemienia i wytworzenia poczucia bezpieczeństwa oraz dostatku w późniejszym życiu. Jeżeli owe kwestie nie zostaną rozwiązane, będą wysysać energię z pozostałych czakr, pozostawiając cię w stanie silnie pobudzonej świadomości nastawionej na przetrwanie, nawet jeśli byłoby to całkowicie nieuzasadnione. To z kolei może prowadzić do stanu nadmiernej czujności względem otaczającego świata, trudności z odprężeniem i zasypianiem czy nawet wpadania w histerię, gdy ktoś się do ciebie odezwie. Wówczas niezbędne jest uziemienie, byś poczuł się bezpieczniej i pewniej, a także nauczył się traktować siebie samego z miłością i współczuciem, czyli tak jak pragnie tego każde dziecko.

Stawianie czoła lękom

Odkryłem, że odwaga to nie brak strachu, ale pokonanie go.
Nelson Mandela

Brak bezpieczeństwa tworzy „demona" pierwszej czakry, którym jest strach. Strach to jedyny taki negatywy aspekt, który przeniesiony z przeszłości, sprawia, że stajemy się nadmiernie ostrożni w teraźniejszości. Jest całkowicie właściwy i uzasadniony w sytuacji, gdy nasze życie jest w jakikolwiek sposób zagrożone i staniemy w obliczu jakiegoś niebezpieczeństwa jak na przykład utrata kontroli nad samochodem czy padniemy ofiarą przemocy.

Reakcją ciała na strach jest podwyższenie poziomu energii i przejście w stan gotowości, by zrobić wszystko, co niezbędne, by ochronić własne życie. Nazywamy to reakcją „walcz lub uciekaj". Aby umożliwić zaistnienie tej reakcji, ciało zalewa powódź hormonów, zwłaszcza pochodzących z nadnerczy. Jednak czasami zdarza się – najczęściej ma to miejsce w przypadku dzieci – że chociaż w ciele następuje wzrost energii, to nie dochodzi do zaistnienia reakcji „walcz lub uciekaj". Albo nie ma bowiem dokąd uciec, albo osoba jest zbyt mała i zbyt przerażona, by walczyć.

Kiedy dochodzi do takiej sytuacji, ładunek pierwszej czakry nie zostaje uwolniony, lecz zostaje w niej uwięziony w stanie „zamrożonym". Nie ma do niego dostępu, a to generuje blokadę pierwszej czakry. Możemy wtedy utracić grunt pod nogami albo po prostu nogi odmówią nam posłuszeństwa. Zakłóceniu mogą ulec nasze instynkty oraz nasza tożsamość fizyczna – zacznie się nam wydawać, że potrzebujmy mniej lub więcej pokarmu czy snu niż w rzeczywistości. Utrzymywanie się takiego stanu, u podłoża którego leży strach, może być wyjątkowo wyczerpujące zwłaszcza dla gruczołów nadnerczy.

Nasze negatywne domeny czakr możemy przekształcać, po prostu stawiając im czoła. Odczuwając strach, który wyzwala w nas ładunek energii biegnący przez całe ciało, możemy przetransformować go w naszego sojusznika. Oznacza to, że gdy zauważymy napływ energii, zamiast od razu interpretować go jako lęk, możemy przeformułować go w potencjał naszych sił witalnych.

Pozwól energii wkroczyć do ciała i odżywić twoje tkanki, a poczujesz się jeszcze bardziej cielesny. Wykorzystaj tę energię, by zrobić coś konstruktywnego – wysprzątać dom, pójść na spacer. Wówczas przekształcisz ów ładunek energetyczny w coś korzystnego zamiast tkwić w zamkniętym kole lęku „zamrożonego" w twoim ciele.

Nadczynność i niedoczynność pierwszej czakry

Podczas pewnych warsztatów, które prowadziłam, jako ochotniczki w temacie pierwszej czakry zgłosiły się do mnie dwie kobiety. Obie borykały się z problemami związanymi z opuszczeniem w dzieciństwie. Jedna została adoptowana po urodzeniu, druga „straciła" matkę na rzecz alkoholu i nigdy nie otrzymała od niej tyle ciepła i wsparcia, ile potrzebowała. Jednak obie te kobiety różniły się od siebie jak dzień i noc. Ta, która była dzieckiem adoptowanym, przez całe życie borykała się z problemami z wagą i cierpiała na sporą nadwagę. Z kolei córka alkoholiczki była wysoka i bardzo szczupła, miała jasne oczy i wielki uśmiech, ale czuła się odizolowana od ziemi i własnego ciała. Obie miały w sobie rany zadane im przez matki, co generowało w ich ciałach lęk, a ich sposoby na radzenie sobie z własnymi traumami były zgoła odmienne.

Kobieta z nadwagą wykształciła w sobie strategię *nadczynności* w pierwszej czakrze: nabierając większej masy ciała mogła poczuć się bardziej uziemiona, mocniejsza i solidniejsza. Dawne odseparowanie jej od biologicznej matki wywołało strach, który pozostawał uwięziony głęboko w jej tkankach, mimo że jej dorosły już umysł przekonywał ją, że jest już bezpieczna. Jej nadwaga stanowiła rekompensatę za zakorzenione w niej odczucia, że jest niechciana i że jej życie się nie liczy. Wykształciła w sobie tak dużą masę ciała, by uniknąć sytuacji, w których czułaby się „niewidzialna" i niezauważana. Chociaż z punktu widzenia jej świadomości zorientowanej na instynkt samozachowawczy strategia ta wydawała się być sensowna, to jednak nie służyła dobrze jej zdrowiu i witalności i obecnie duża masa ciała stanowiła w jej życiu znaczną przeszkodę. Nadwaga bardzo często wskazuje na strategię nadczynności w pierwszej czakrze, choć może także angażować inne czakry.

Szczupła kobieta żyła stale nad czymś myśląc. Oczywistym było, że jest bardzo inteligentna i bardzo chciała zrozumieć ćwiczenie, zanim jeszcze spróbowała je wykonać. Poniekąd rozumiała, „dlaczego" czuła się tak nieistotna, ale tak dawno utraciła kontakt z własnym ciałem, że miała problem, by nawiązać go ponownie. Miała problemy z odżywianiem i zaufaniem, a także przejawiała skłonności do bycia lękliwą i nadmiernie czujną wobec otaczającego ją świata. Wykształciła w sobie strategię uniku, która wytworzyła niedoczynność pierwszej czakry. Chociaż próbowała, nie udawało jej się przybrać na wasze, ale pod wpływem stresu bardzo szybko chudła.

Zauważ, że obie kobiety miały podobną traumę związaną z pierwszą czakrą: opuszczenie. Żadna z nich nie otrzymała tego, czego potrzebowała, by się właściwie uziemić i odpowiednio zbudować swoje życie. Pokazuje to, w jaki sposób ta sama rana może prowadzić do wykształcenia odmiennych zachowań u różnych osób. Ma to swój początek w strategiach, jakie obieramy podczas dorastania. Problem pojawia się wtedy, gdy utrzymujemy te strategie, nawet gdy dorośniemy. To co działało, kiedy byliśmy młodzi, później może stać się prawdziwą przeszkodą.

Choć obie kobiety były tak całkowicie różne, ich proces uzdrowienia wyglądał podobnie. Należało otworzyć i uziemić bramy ich pierwszej czakry. Kiedy „bramy" zostają otwarte, energia zaczyna sama regulować swój poziom – zupełnie tak samo jak temperatura wyrównuje się, gdy otworzymy na oścież drzwi w ciepły bądź zimny dzień.

Poleciłam obu kobietom wykonanie ćwiczenia uziemiającego, które opisane zostało powyżej. Ćwiczenie to ma za zadanie nawiązać kontakt z płaszczyzną ziemi poprzez stopy i nogi, przez które przepływa energia i naładować nią pierwszą czakrę. Praktykowanie tego ćwiczenia przynosi z czasem poczucie bezpieczeństwa i solidności, dlatego też nasze ciało nie potrzebuje już dłużej kontynuować strategii kompensacji lub uniku. Oczywiście nic nie dzieje się od razu – ćwiczenia te mają charakter kumulacyjny, a ich efektywność zależy od podjęcia nowych nawyków. Nowe wzory zachować tworzą się powoli poprzez naukę ciała energetycznego do właściwego „przytrzymywania" energii w tkankach: ilość energii nie może być ani zbyt duża, ani zbyt mała.

Poniżej znajdziesz listę cech pierwszej czakry związanych z nadczynnością lub niedoborem energii. Niektórzy ludzie mogą odnaleźć w sobie cechy tylko z jednej strony tabeli, inni z drugiej, a jeszcze inni zauważą, że charakteryzuje ich mieszanka tych cech. Istnieją jednak sposoby, które mogą pomóc w odnalezieniu równowagi i wyeliminowaniu unikania czy kompensacji w różnych obszarach tej samej czakry.

Cechy nadczynności i niedoczynności pierwszej czakry

Nadczynność	Niedoczynność	Równowaga
Nadwaga	Niedowaga	Zdrowie fizyczne
Upór, opieranie się zmianom	Lękliwość, niepokój	Stabilność
Ociężałość, ospałość	Nerwowość	Uziemienie
Nadmierne przywiązanie do uporządkowanej rzeczywistości	Opór przed ustrukturyzowaną rzeczywistością	Solidność
Materializm, chciwość	Skłonność do ubóstwa	Dobrobyt, pomyślność
Uwięzienie we własnym ciele	Brak kontaktu z własnym ciałem	Obecność we własnym ciele

Rola struktury

Ponieważ uwielbiam wolność, dużo czasu zajęło mi docenienie roli pierwszej czakry dotyczącej ustrukturyzowania świata. Kiedy byłam młoda, opierałam się wszelkim schematom, które na mnie nakładano. Nawet gdy nie miałam wyboru i musiałam chodzić do szkoły i poddawać się jej uporządkowanym regułom, ciągle wewnętrznie buntowałam się przeciw takiemu układowi. Miałam wrażenie, że wszystko to mnie ogranicza.

Wiele lat później, gdy zamieszkałam w pewnej niekonwencjonalnej wspólnocie, gdzie każdy mógł sobie dowolnie wybrać styl życia, zdałam sobie sprawę, że ani ja, ani żaden z moich przyjaciół nigdzie w swoim życiu nie zmierza. Zadałam sobie odwieczne pytanie: „Jeżeli jesteśmy tacy mądrzy, to dlaczego nie jesteśmy bogaci?" Nie brakowało nam talentu ani inteligencji, ale osiągane przez nas efekty były raczej mizerne. To co mieliśmy ze sobą wspólnego, to opieranie się z góry narzuconym strukturom i schematom.

Wówczas zaczęłam postrzegać strukturę jako *wsparcie*, coś co *daje* wolność, a nie ją ogranicza. Gdy zdałam sobie z tego sprawę, postanowiłam kontynuować edukację, zdobyłam nawet tytuł naukowy, nareszcie byłam w stanie zaakceptować pracę, która wymaga zaangażowania, nawiązywać trwałe relacje z ludźmi i wychowywać dzieci, aż do osiągnięcia przez nie dojrzałości. Moje życie wróciło na właściwy tor, odzyskałam grunt pod nogami i mogłam spełniać swoje marzenia.

Ustrukturyzowanie jest niezbędne do osiągnięcia wielu trudnych celów: zbudowania biznesu, uzyskania pożądanej figury, napisania książki, utrzymywania kontaktów z ludźmi, zarabiania na życie. Struktury takie jak dwunastostopniowy program stosowany przez grupy Anonimowych Alkoholików (i inne grupy wsparcia) pomagają uzależnionym nie tylko stać się trzeźwymi, ale także utrzymać stan trzeźwości na dłużej. Programy nauczania są skonstruowane tak, by wspierać rozwój uczniów, jedne zajęcia są kontynuacją innych. Aby móc przenieść naszą wiedzę na wyższy poziom, potrzebujemy uziemienia w bardzo wielu aspektach.

Struktura kostna nadaje formę naszym ciałom i bez niej nie bylibyśmy w stanie np. wstać. Praktyki duchowe takie jak joga, medytacja* i wiele ćwiczeń to też pewne schematy, które wspierają rozwój naszej świadomości. Choć czasem mogą wydawać się ograniczające, to w rezultacie struktury dają nam wolność – tak samo jak gleba ściśle obejmująca korzenie rośliny pozwala jej rosnąć, kwitnąć i owocować.

Naucz się akceptować strukturę, a osiągniesz sukces. Twórz schematy, które cię wspierają i oddawaj im się z zaangażowaniem. Pogodzenie się z nimi zapewni ci bowiem sukces.

CO NALEŻY ZAPAMIĘTAĆ?

- Pierwsza czakra związana jest żywiołem ziemi i wszystkim co solidne i stabilne.
- Nauczenie się jak się uziemić, zapewni nam stabilność i pomyślność.
- Pierwsza czakra reprezentuje naszą tożsamość fizyczną zorientowaną na instynkt samozachowawczy.
- Nasze instynkty są powiązane z kwestią przetrwania i dbaniem za wszelką cenę o nienaruszalność ciała.
- Głęboko zakorzenione „zaprogramowanie" pierwszej czakry ujawnia się w pierwszym roku życia, kiedy podstawowe potrze-

* O uzdrawiającej mocy medytacji czakr można znaleźć informacje w książce April Pfender „Medytacja czakralna". Jest ona dostępna w sklepie www.talizman.pl (przyp. wyd. pol.).

by życiowe zaspokajane są przez rodziców. To z kolei zapewnia nam poczucie bezpieczeństwa.

- Pierwsza czakra zawiaduje nogami, stopami, kośćmi i zębami, związana jest także z dietą i ćwiczeniami.
- Negatywną domeną pierwszej czakry jest strach.
- Zasadą pierwszej czakry jest: „Odepchnij się, by piąć się w górę."
- Im głębsze zakorzenienie, tym wyżej możesz sięgać.

Czakra druga

Woda

Czakra druga

Woda

Umysł jest jak góra lodowa, tylko jedna siódma
jej masy pływa nad wodą.

Zygmunt Freud

Lokalizacja:	Dolna część pleców, brzuch, genitalia
Nazwa i znaczenie:	Svadhisthana, własne miejsce
Cele:	Płynność, ruch, przyjemność, odczuwanie
Żywioł:	Woda
Zasada:	Biegunowość
Wiek rozwoju:	6 miesięcy do 2 lat
Tożsamość:	Tożsamość emocjonalna
Zorientowanie:	Samozadowolenie
Negatywna domena:	Poczucie winy
Prawo:	Czuć
Dźwięk:	*Vam*
Kolor:	Pomarańczowy
Forma zrównoważona:	Płynność, spełnienie, zadowolenie, satysfakcja

Zanurzenie w wodzie

Wkroczenie w obszar drugiej czakry otwiera przed nami wodny świat uczuć i emocji, doznań i pragnień, ruchu i soczystej seksualności. Przenosimy się do kolejnego archetypowego żywiołu – przechodzimy od ziemi do wody, od solidności do płynności. Stabilny grunt rozwinięty w czakrze pierwszej „roztapia się" teraz w przepływie energii, która rozpoczyna swą podróż w górę kręgosłupa. Obszar zainteresowań świadomości rozszerza się – przechodzi od pojedynczego, cielesnego „ja" czakry pierwszej do mglistego świata dwoistości: *ja i inni*. Czakra druga może być tak samo problematyczna jak i wspaniała.

Kluczowym celem tej czakry jest stymulacja ruchu oraz zapewnianie nam przyjemności. Przemieszczanie naszego ciała w świecie fizycznym niesie ze sobą zmianę, a ta pobudza świadomość i rozpoczyna się proces przebudzenia. Fizyczny ruch taki jak taniec, spacerowanie czy ćwiczenia fizyczne usprawnia przepływ krwi i limfy przez tanki, a nawet oczyszcza ciało za pomocą procesu pocenia się, który z kolei nieodzownie związany jest z żywiołem wody. Ruch budzi nasze ciało energetyczne.

W świecie wewnętrznym czakra druga czuwa nad przepływem subtelnej energii. Czujemy się czasem wewnętrznie „poruszeni" – mogą to powodować silne emocje np. po przeczytaniu wiersza czy przy spotkaniu z przyjacielem. Przepływ energii możemy też stymulować sami poprzez takie praktyki jak joga czy ćwiczenia oddechowe.

Kiedy subtelna energia rozpoczyna swą podróż, wnosi do ciała odczucia i różnorakie doznania, które z kolei generują większą witalność. Wprawiona w ruch energia może swym przepływem odblokować dawne emocje i przywrócić je do życia. Emocje – od łacińskiego *e movere* czyli „w ruchu" – przemieszczają naszą subtelną energię.

Jeśli wszystkie wyzwania, jakie stawia przed nami pierwsza czakra, zostaną rozwiązane, świadomość przenosi swą uwagę od „Czego potrzebuję, by przeżyć?" do „Czego teraz *chcę*, kiedy już kwestie przetrwania zostały zabezpieczone?" Może to być coś zupełnie prostego, jak dzień wolny od pracy lub planowanie wieczornego wyjścia, żeby się zabawić lub też coś bardziej głębokiego np. poszukiwanie nowego kierunku w życiu o ile pozwala na to sytuacja finansowa i podążanie za swoim szczęściem.

Znaczenie symbolu drugiej czakry

Symbolem drugiej czakry jest sześciopłatkowy kwiat lotosu zawierający w sobie sierp księżyca. Księżyc symbolizuje przyciąganie emocji przez subtelną energię – zupełnie jak Księżyc przyciągający wody oceanu powodujący przypływy i odpływy. Wiele z tego zachodzi całkowicie nieświadomie, ale druga czakra funkcjonuje tak, by sprawić, iż emocje staną się uświadomione. Osobiście patrząc na ten leżący półksiężyc, myślę o nim jak o „uśmiechu" drugiej czakry z kącikami ust skierowanymi w górę – uśmiechu z powodu przyjemności, która pojawia się, gdy jesteśmy zadowoleni i usatysfakcjonowani.

Zwierzę, które łączy się z tą czakrą to *makara*[3], stwór przypominający krokodyla, który symbolizuje niekończące się pragnienia. Zrównoważenie tej czakry polega na poznaniu, które pragnienia należy zaspokoić, a które doprowadzą jedynie do frustracji i odciągną nas z naszej duchowej ścieżki.

Symbol wpisany w środek symbolu czakry drugiej oznacza jej dźwięk, którym jest *Vam*.

Zasada przyjemności

Przyroda poddała człowieka pod rządy dwóch suwerennych panów: bólu i przyjemności.

Jeremy Bentham

Co wprawia twoją energię w ruch? Jeśli jesteś taki jak większość ludzi, wszystko sprowadza się do pragnienia, by zrobić coś innego, nowego, mając nadzieję, że będzie to zmiana na lepsze. Do pragnienie dosłownie stawia cię na nogi (czakra pierwsza), byś wyruszył w świat (czakra druga). To pragnienie może być czymś tak prostym jak chęć na szklankę wody lub tak skomplikowanym jak zrobienie doktoratu z medycyny. Może to być pragnienie nawiązania z kimś kontaktu albo doświadczenia czegoś nowego. Generalnie zawsze

[3] Makara – zgodnie z hinduską mitologią Makara jest mitycznym stworzeniem, wahaną (pojazdem) Gangi i Waruna Dewa; Tradycyjnie Makara jest uważana za zwierzę wodne i niektórzy identyfikują ją z krokodylem, a inni z delfinem, a jeszcze inni określają ją jako zwierzę z ciałem ryby i głową słonia. Tradycja wiąże Makarę z wodą, źródłem wszelkiego życia i płodności (przyp. tłum.).

pragniemy *dążyć ku przyjemności, a oddalać się od bólu*. Przyjemność jest głównym motywatorem, który nas napędza.

Zygmunt Freud nazwał to „zasadą przyjemności" i twierdził, że jest ona głównym motywatorem dla *libido*, które często utożsamiamy z popędem seksualnym. Ale libido to coś więcej niż sam popęd – to także ogólnie ujęta energia do życia. Jeśli nasze życie jest nudne, depresyjne i uważamy, że nic nas w nim nie czeka, nasza siła życiowa będzie słabsza niż gdybyśmy się czymś ekscytowali. Możemy dalej smętnie przeć naprzód, ale nie odnajdziemy w tym żadnej motywacji, niczego co mogłoby poruszyć w nas siłę życiową. Kiedy z kolei pojawia się ból – emocjonalny lub fizyczny – ciało zamyka się na to doznanie, by uniknąć nieprzyjemnych doświadczeń. Ale bez doświadczania doznań tracimy kontakt z sobą samym oraz innymi.

Systemy wierzeń, które negują przyjemność doprowadziły do powstania świata pełnego izolacji i odrętwienia. Poszanowanie przyjemności wniesie do naszego życia radość, żywotność do naszego ciała i da motywację do dalszej podróży.

Tożsamość emocjonalna

Nie możemy wybiórczo wyłączać emocji. Gdy uśmierzymy bolesne emocje, jednocześnie stłumimy te pozytywne.

Brene Brown

Tom i Janet usiedli w moim biurze naprzeciwko siebie, spoglądając na siebie z frustracją. Janet chciała, by Tom zaczął rozumieć jej emocje i aby nauczył się komunikować własne odczucia. Ale dla Toma emocje były niczym obcy język, którym nigdy nie nauczył się mówić. Był osobą obdarzoną bardzo dynamicznym charakterem, który spełniał się jako dyrektor w pewnej odnoszącej sukcesy firmie technologicznej, jednak nigdy nie rozwinął w sobie tożsamości emocjonalnej i dosłownie nie potrafił identyfikować własnych emocji, a tym bardziej emocji Janet. To nie było tak, że niczego nie czuł – po prostu brakło mu słów, by móc opisać i zakomunikować swoje uczucia innym. Zamiast tego emocje kotłowały się w nim, sprawiając, że czuł się skonfundowany i zdezorientowany. A im bardziej kotłowały się jego uczucia, tym bardziej się z nimi zamykał i tym bardziej stawał się niedostępny.

Druga czakra związana jest z *tożsamością emocjonalną* zorientowaną na *samozadowolenie*. To na tym poziomie świadomość rutynowo „skanuje" nasz stan emocjonalny, sprawdzając jak się czujemy. Czy jesteśmy szczęśliwi czy smutni? Przerażeni czy wściekli? Wszystkie te doznania rozgrywają się w świecie *uczuć*.

Na poziomie podświadomym emocje sygnalizują nam, czy czujemy się z czymś dobrze czy źle, czy coś uznajemy za przyjemne czy raczej bolesne. To co nazywamy „pozytywnymi emocjami" takimi jak radość czy podniecenie, to w zasadzie pragnienia, by *podążać ku* czemuś – taki podświadomy sposób, by powiedzieć „Tak, tego chcę." Z kolei to co określamy mianem „negatywnych emocji" jak złość czy strach, to pragnienie, by *odsunąć się* od czegoś lub by pozbyć się czegoś z naszego życia. Możemy się złościć na coś, co się wydarzyło, smucić się z powodu utraty czegoś lub bać się, że coś złego się może wydarzyć, ale wszystkie te odczucia sygnalizują naszą niechęć.

Kiedy nasz stan emocjonalny sprawia nam przyjemność, generalnie nawet nie próbujemy tego zmieniać. Nasz emocjonalny mózg wesoło sobie podśpiewuje, a ciało dostaje wiadomość, że wszystko jest OK. Nazywamy to „zadowoleniem" lub „usatysfakcjonowaniem." To rodzaj dobrego samopoczucia, które umożliwia energii swobodny przepływ.

Jeśli nasz stan emocjonalny nie jest przyjemny, ale przykuwa naszą uwagę, to wręcz prosi się, by go zmienić. Jeśli po przebudzeniu czujemy się depresyjnie, to możemy przykładowo zadzwonić do przyjaciela albo terapeuty, możemy wyjść i pójść się upić albo spróbować znaleźć inne rozwiązanie, by poczuć się lepiej. Jeśli jednak się nam to nie uda i nieprzyjemny stan nadal się utrzymuje, możemy wówczas wybrać odrętwienie i znieczulenie naszych uczuć poprzez zamknięcie drugiej czakry. Wówczas odcinamy się od naszej tożsamości emocjonalnej, a czyniąc to, tracimy zdolność do nawiązywania uczuciowych więzi.

A zatem wolimy utrzymywać w sobie pozytywne emocje, a emocje negatywne traktować jako sygnał, by coś w życiu zmienić. Jeśli jednak nie jesteśmy w stanie tego zrobić, wówczas następuje blokada emocjonalna, a nawet wyłączenie emocji.

Nasza zdolność do identyfikacji uczuć jest bezpośrednio związana z utrzymywaniem nas w stanie tak dobrego samopoczucia jak to tylko możliwe. W przypadku Toma i Janet pomogłam Tomowi zidentyfikować doznania jego ciała, które stanowiły punkt wyjścia do określenia jego emocji. Mógł więc przynajmniej powiedzieć: „Czuję ucisk w brzuchu" albo „Zaciskam szczęki." Potem pracowaliśmy nad tym, by zidentyfikować te uczucia jako strach lub złość. Z kolei Janet musiała się nauczyć weryfikować własne emocje i mniej skupiać się na ukierunkowaniu Toma, by to robił. Kiedy się tego nauczyła, Tom poczuł, że ma nareszcie więcej przestrzeni, by badać własne emocje.

Okres rozwojowy drugiej czakry

Malutka Jenny właśnie nauczyła się chodzić i wszystko zaczęło ją interesować – wszystkiego musi dotknąć, każdą rzecz włożyć do ust i nieustanie bawić się zabawkami wydającymi hałaśliwe dźwięki. „Ani na chwilę nie mogę jej spuścić z oka!" – stwierdziła jej matka z rozdrażnieniem, biegnąc za córką, która po raz kolejny pakowała coś do ust. „Ona jest tak emocjonalna i płacze, gdy jej coś zabieram, ale nie trwa to na szczęście długo. Po chwili zajmuje się czymś innym, co całkowicie ją pochłania."

Uśmiechnęłam się, bo wiedziałam, że takie zachowanie jest w tym wieku całkowicie naturalne. Jenny była w wieku, który jest okresem rozwojowym drugiej czakry, co ma miejsce mniej więcej wtedy, kiedy dziecko przestaje być niemowlęciem i staje się ciekawym świata maluchem – w okresie od sześciu miesięcy do dwóch lat. Po okresie rozwojowym pierwszej czakry, nowe stadium zaczyna się, gdy dziecko zaczyna siedzieć. Wówczas poszerza się zakres jego wzroku – zamiast twarzy matki, zaczyna dostrzegać dalsze szczegóły otaczającego świata. Oczywiście to z kolei pobudza ciekawość, co stymuluje pragnienie poruszania się. Najpierw jest czołganie się, potem raczkowanie, a następnie bieganie – wkrótce dziecko dociera do wszystkiego, czego chce i doświadcza świata własnymi zmysłami.

Czy wszystko czego doświadczy, będzie jednak przyjemne? Czy może wszystko będzie bolesne? Nie, wszak świat to mieszanka wszystkiego – kombinacja przyjemności i bólu, dobrego i złego, upodobań i niechęci. Naturalnym jest, że rodzic zawsze próbuje chronić dziecko przed bolesnymi doznaniami, a stara się, by doświadczało tylko tego, co dobre, tworząc w ten sposób w pamięci dziecka podwaliny uczucia dobrego samopoczucia. Ale nawet najlepszy rodzic musi czasem powiedzieć: „Nie, nie dostaniesz więcej lodów" albo „Nie, nie możesz bawić się tym nożem." Czasem rodzice są w dobrym nastroju, a czasem są smutni lub rozgniewani. Przyjemność i ból są nieuchronnymi skutkami eksplorowania świata w szerszej perspektywie.

Na swoim obecnym etapie Jenny uczy się kierować ku przyjemności, a odsuwać od wrażeń nieprzyjemnych. Doświadcza świata wszystkimi swoimi zmysłami: ogląda go, smakuje, dotyka, wącha i słucha. W ten sposób tworzy wewnętrzną mapę swego zewnętrznego świata.

Jeszcze nie wie zbyt wiele o świecie, ale uczy się go za pomocą *odczuwania* czy coś jest dobre czy złe. To daje jej podstawy do budowania swej tożsamości emocjonalnej i przepływu energii przez ciało. Tworzy to fundamenty pod jej zdolność do odczuwania przyjemności i zdolności do głębszego odczuwania.

A jak na tym etapie rozwoju Jenny komunikuje się z innymi? Nie słowami, ale poprzez ekspresję emocji – płacząc, krzycząc, śmiejąc się i uśmiechając. Jeśli dorośli wokół niej właściwie odpowiadają na jej emocje, ona sama uczy się je wówczas identyfikować. Rozwija w sobie „emocjonalny język", dzięki któremu będzie mogła później określić i nazwać swoje uczucia.

Jeśli w tym okresie rozwoju wszystko będzie szło dobrze, dziewczynka rozwinie w sobie zdrową, zbalansowaną drugą czakrę, pełną emocjonalnej głębi, wrażliwości, swobody ruchu, a gdy dorośnie, także satysfakcjonującej seksualności. Jeśli jednak nie wszystko będzie się rozwijało pomyślnie, wówczas rezultatem może być nadczynność lub niedoczynność drugiej czakry albo kombinacja obu tych elementów.

Nadczynność i niedoczynność drugiej czakry

Connie była emocjonalną, wrażliwą istotą. Jak sama przyznała, czuła się prawdziwie tylko wtedy, gdy targały nią silne emocje. Jednak jej emocje nie zawsze były przyjemne. Czasami była wesoła i szczęśliwa, podczas gdy bywało, że jej nastrój chwiał się, wpędzając ją w depresję, wywołując łzy, gniew i rozgoryczenie względem otaczającego ją świata. Przesadnie identyfikowała się z uczuciami. Kiedyś nawet nakrzyczała na swoją sąsiadkę zza płotu, oznajmiając przy tym, że złość sprawia, że czuje się potężna.

Cecily nadmiernie identyfikuje się ze swymi pragnieniami. Po prostu nie może się oprzeć pokusie zjedzenia wysokokalorycznych przekąsek jak muffiny czy ciasta, a kiedy nie mogła sobie pozwolić na kupno czegoś, co jej się podobało, przeżywała istne katusze. W związkach jest stosunkowo zaborcza i uwielbia się stale przytulać i dotykać. Jej partnera początkowo bardzo to pociągało, jednak w końcu uznał, że jest to jedynie sposób na zaspokojenie jej potrzeb.

Zarówno Connie jak i Cecily wykazywały oznaki nadczynności drugiej czakry. Connie nie skupiała się na ukojeniu swoich zmysłów, lecz emocji. Cecily wyrażała swoje emocje poprzez jedzenie i zakupy, a zatem jej nadczynność objawiała się poprzez zaspokajanie potrzeb zmysłowych i zaborcze przywiązanie do innych ludzi.

Z kolei ludzie, którzy wykazują niedoczynność drugiej czakry, nie wiedzą nawet, co czują. W konsekwencji mogą mieć problemy z empatią i ze zrozumieniem uczuć innych ludzi. Taki był właśnie przypadek Toma, o którym wspominałam powyżej, który poślubił kobietę wykazującą nadczynność drugiej czakry – tak dwie różne osoby chciały nawiązać emocjonalną łączność!

To było zupełnie tak, jakby wyłączył swój dotychczasowy kanał radiowy i postanowił nadawać na zupełnie innych częstotliwościach. Problem pojawił się, gdy wszedł w związek z inną osobą, a jego żona zaczęła narzekać, że się nie rozumieją w sensie emocjonalnym. Różne wersje tego problemu są dość typowe i występują w wielu związkach.

Dana osoba może przejawiać jednocześnie niedoczynność jak i nadczynność w drugiej czakrze, tyle, że w różnych aspektach. Widziałam ludzi, którzy byli nadmiernie pobudzeni emocjonalnie, ale zamknięci w sferze seksualnej, a także zupełne ich przeciwieństwa – osoby rozbudzone seksualnie, ale niedostępne emocjonalnie. Pamiętaj, że oba te problemy to strategie uniku lub kompensacji związane z ranami, które kiedyś odnieśliśmy. Osoby, które tego doświadczają, mogą się wydawać całkowicie normalne, jednak zaburzają jej naturalną równowagę.

Ludzie nadmiernie emocjonalni, wykazujący usilne pragnienia drugiej czakry, muszą nauczyć się powstrzymywać. Nie mogą pozwolić, by rządziły nimi pragnienia, ponieważ niosą ze sobą nadmiarowy ładunek z przeszłości, który może wywierać negatywny efekt na teraźniejszość. Osoby z niedoborem w drugiej czakrze muszą z kolei nauczyć się roztapiać to, co w nich zamrożone. Człowiek, który nie identyfikuje się ze swoimi uczuciami, musi nauczyć się weryfikować swoje emocje, by poznać, co naprawdę czuje, zwracać uwagę na subtelne reakcje własnego ciała, odczuwać płynące prądy energii i stopniowo pozwolić świadomości oddziaływać na ich emocjonalną ekspresję. Mówiąc w skrócie, potrzebują pozwolenia, by *czuć*. I pamiętaj, że możliwe jest, by wykazywać jednocześnie zarówno cechy nadczynności jak i niedoczynności tej samej czakry.

Cechy nadczynności i niedoczynności drugiej czakry

Nadczynność	Niedoczynność	Równowaga
Przesadna emocjonalność	Brak kontaktu z własnymi emocjami	Emocjonalna spójność
Dogadzanie sobie	Unikanie przyjemności i relaksu	Zdolność do przeżywania głębokiej przyjemności
Uwodzenie	Pruderia	Zdrowe granice
Osobowość podatna na uzależnienia	Nadmierna surowość, skłonność do wymierzania kar	Zdolność do podejmowania zmian
Nadwrażliwość	Odrętwienie, otępienie	Zdolność do głębokiego odczuwania, ale bez utraty kontroli nad emocjami
Obsesyjne przywiązanie	Brak pożądania, pasji, podniecenia	Dbałość o siebie oraz o innych
Rozwiązłość cielesna	Sztywność, surowość cielesna	Chwile pełne uniesień
Rozbudzona seksualność	Brak seksualności	Zmysłowość i seksualność w równowadze

Demon poczucia winy

Słuchając Alice, czułam, że ta dziewczyna nie jest w stanie nigdy wygrać, bez względu na to co robi. Jeśli rano szła na siłownię, by odbyć swój trening, miała poczucie winy, że nie zaczęła wcześniej pracy. Ale jeśli szła rano prosto do pracy, to czuła się winna, że nie ćwiczyła. Poczucie winy budziło się w niej, gdy zjadła coś niezdrowego, gdy starała się znaleźć dla siebie czas po ciężkim dniu pracy i gdy nie było jej przy dzieciach.

Alice nie była winna żadnej strasznej zbrodni popełnionej w przeszłości. Jej poczucie winy było znacznie bardziej subtelne. Czuła się winna z powodu wszystkie, co spotykało ją w ciągu dnia i owo poczucie winy sprawiało, że nie była wstanie się niczym cieszyć ani z niczego czerpać przyjemności. W rezultacie w ogóle nie odczuwała zadowolenia ani jakiejkolwiek przyjemności. W konsekwencji prowadziło to do tego, że próbowała dogodzić sobie za pomocą jedzenia i snu, co z kolei sprawiało, że czuła się potwornie wręcz winna!

Poczucie winy to negatywna domena drugiej czakry. Mówi ono: „Nie powinienem się tak czuć, powinienem być zły lub przestraszony." Mówi też: „Nie powinienem tego chcieć, nie powinienem tego potrzebować" oraz „Nie powinienem mieć takich pragnień ani fantazji seksualnych" albo „Nie jestem wystarczająco dobry, wystarczająco czysty, wystarczająco sprawiedliwy czy wystarczająco hojny." Poczucie winy może zrujnować każdą aktywność, pozbawiając nas radości z tego, co robimy.

Oczywiście, że zdarzają się sytuacje, w których faktycznie *powinniśmy* czuć się winni. To całkowicie normalne, że mamy poczucie winy, gdy skrzywdzimy samych siebie lub kogoś innego, gdy zachowujemy się bezmyślnie lub okrutnie albo robimy coś wbrew zdrowemu rozsądkowi. Ten rodzaj poczucia winy pozwala nam oceniać swoje zachowanie i dokonywać stosownych zmian. Ale rodzaj tego nieskrępowanego poczucia winy, jakie dostrzegłam u Alice, zatrzymuje przepływ energii, który stanowi o płynności drugiej czakry. Odbiera nam bowiem uczucia i blokuje radość.

Ćwiczenie: Oszacuj swoje poczucie winy

- Zrób listę rzeczy, które sprawiają, że czujesz się winny.
- Odnotuj, kiedy w ciągu dnia nachodzi cię owo poczucie winy i co się wówczas dzieje.
- Odnotuj, co się dzieje, kiedy poczucie winy mija. Jak bardzo obecny czujesz się w tym, co robisz? Jak silnie związany jesteś z innymi?
- Czego tak naprawdę pragniesz? Czego tak naprawdę potrzebujesz?

Ćwiczenia fizyczne sprzyjające drugiej czakrze

Ćwiczenie: Rozkołysz miednicę

- Połóż się na plecach na twardej powierzchni np. na podłodze czy na wykładzinie. Ugnij oba kolana, stopy rozstaw na szerokość bioder w odległości ok. 30 cm od pośladków.
- Nagłym ruchem wbij stopy w ziemię i zwolnij je – mocno naciśnij stopami podłogę, a potem rozluźnij je, pozwalając, by w tym momencie twoja miednica oderwała się od ziemi i zakołysała się do przodu i do tyłu. Niech to kołysanie odbywa się bez wysiłku – używaj do tego jedynie mięśni nóg. Upewnij się, że mięśnie brzucha nie są napięte i że siła nacisku wychodzi tylko ze stóp.
- Zauważ, jak to odpręża i zmniejsza sztywność w dolnej partii kręgosłupa.

Ćwiczenie: Skrzydła motyla

- Złóż ze sobą podeszwy obu stóp, tak by kolana znalazły się na zewnątrz. Weź kilka głębokich wdechów. Skieruj swą świadomość na wewnętrzną stronę ud i okolice pachwin.
- Weź głęboki wdech, a podczas wydechu powoli zbliż do siebie kolana, pozwalając, by ten ruch trwał tyle samo czasu, co oddech.
- Podczas wdechu ponownie oddal od siebie kolana.
- Powtórz ten ruch kilka razy, synchronizując ruch nóg z oddechem, pozwalając jednocześnie, by oddychać wolno i głęboko.
- Po kilku minutach przyspiesz nieco ruchy, jednak nadal staraj się, by ruch kolan i oddech były ze sobą skoordynowane.
- Możesz zacząć odczuwać delikatne doznania i wzrost energii w okolicy pachwin. Poczuj to w pełni. To ćwiczenie stanowi świetną rozgrzewkę przed seksem, ale jeśli akurat nie możesz go wykonać, wystarczy, że się porozciągasz i nieco poruszasz, by rozprowadzić energię po całym ciele.

Ćwiczenie: Stój i kołysz

- Zacznij od podstawowej pozycji uziemiającej (patrz strona: 57). Rozstaw stopy na szerokość ramion kierując stopy lekko ku środkowi. Wykonując wdech, uginaj kolana, a robiąc wydech, odpychaj się od podłogi.
- Kiedy poczujesz w nogach lekkie drżenie, pozwól, by ta energia podążyła do drugiej czakry, wykonując w tym celu ruch biodra-

mi: w czasie wdechu i ugięcia kolan, staraj się pogłębić wygięcie na odcinku krzyżowym kręgosłupa, wypychając do tyłu kość ogonową tak daleko, jak to tylko możliwe. Podczas wydechu i prostowania nóg, wypchnij biodra i kość łonową ku przodowi.

- Powtórz to kilkukrotnie, wyobrażając sobie, że twoja miednica gładko kołysze się do przodu i do tyłu, zupełnie niczym wahadło.
- Jeśli chcesz rozładować nieco energii (dobry pomysł w przypadku nadczynności drugiej czakry), wówczas połóż większy nacisk na ruch wypchnięcia bioder w przód, a następnie cofnij je gwałtownie.
- Jeśli chcesz wnieść do drugiej czakry więcej energii, by móc ją ożywić (polecane przy niedoczynności drugiej czakry), silniej zaakcentuj ruch wygięcia bioder w tył – twój brzuch się wówczas bardziej zaokrągli. Eksperymentuj i sprawdź, co działa na ciebie lepiej.

CO NALEŻY ZAPAMIĘTAĆ?

- Druga czakra zarządza biodrami, wewnętrzną stroną ud, miednicą, narządami płciowymi, łonem i z układami wewnętrznymi związanymi z przepływem płynów np. z układem moczowym.
- Istotą drugiej czakry jest sprawianie, by wszystko poruszało się płynnie i swobodnie niczym woda oraz wnoszenie przyjemności do naszego życia.
- Przepływ energii jest zarówno wewnętrzny jak i zewnętrzny.
- Przyjemność i pragnienia to główne motywatory.
- Z tą czakrą związana jest tożsamość emocjonalna zorientowana na samozadowolenie. Chce ona, byśmy po prostu czuli się dobrze.

- Okres rozwoju drugiej czakry to mniej więcej sześć miesięcy do dwóch lat. Jest to bardzo emocjonalne stadium rozwojowe człowieka, gdy jako dziecko dopiero uczy się on poruszać w świecie fizycznym i komunikować za pomocą emocji.
- Negatywną domeną tej czakry jest poczucie winy.
- Przepływ energii to najlepszy sposób, by oswobodzić drugą czakrę – można to osiągnąć zwłaszcza dzięki poruszaniu biodrami i udami.

Czakra trzecia

Ogień

Czakra trzecia

Ogień

Panowanie nad innymi to siła. Panowanie nad sobą to prawdziwa moc.

Lao Tzu

Lokalizacja:	Splot słoneczny
Nazwa i znaczenie:	Manipura, lśniący klejnot
Cele:	Energia, siła, celowość
Żywioł:	Ogień
Zasada:	Spalanie
Wiek rozwoju:	18 miesięcy do 3,5 roku
Tożsamość:	Tożsamość ego
Zorientowanie:	Samookreślenie
Negatywna domena:	Wstyd
Prawo:	Działać
Dźwięk:	*Ram*
Kolor:	Żółty/złoty
Forma zrównoważona:	Siła, moc, opanowanie

Odnajdź swą moc

Moc. To ona rządzi światem. Od królów i królowe po polityków, od władzy pieniędzy po władzę militarną, od boskiej mocy po moc elektryczności, moc to zjawisko, które ewidentnie jest obecne w każdym aspekcie naszego życia. Jak sobie radzić z tą mocą – zarówno w ujęciu osobistym jak i zbiorowym – to odwieczne pytanie. Sam proces ewolucji to stałe poszukiwanie możliwości, jak zrobić więcej mniejszym kosztem i jak pokonać bezsilność jednostki w celu wykorzystania mocy do tworzenia zmian.

Jesteśmy wychowywani w obowiązku posłuszeństwa, gdzie moc jest atrybutem władzy, i przynależna jest jedynie autorytetom – rodzicom, nauczycielom, kapłanom, szefom i politykom – a dla nas stanowi cel naszych poszukiwań. Zaczynamy życie jako dzieci, bezsilne wobec naszych rodziców, nie wiedząc nic o świecie. Dorastając przechodzimy przez system edukacji, poznajemy religie, czasem odbywamy służbę wojskową, a potem ruszamy w świat, próbując znaleźć w nim swoje miejsce. Zaczynamy od pracy na niskim szczeblu, mając nadzieję, że będziemy piąć się dalej, o ile będziemy mieć wystarczająco dużo siły. Odkrywamy, że dynamika siły i mocy wkracza w każdą naszą relację, od prywatnych po zawodowe, i że nasze „zaprogramowanie" względem tej mocy wpływa na każdą podejmowaną przez nas decyzję.

Moc to aspekt trzeciej czakry umiejscowionej w splocie słonecznym. Dobrze znasz to miejsce: to tu właśnie czujesz „motyle w brzuchu" za każdym razem, gdy jesteś zdenerwowany. To tutaj czujesz ucisk w brzuchu, gdy nie wiesz, co robić. To także to miejsce, w którym odczuwasz pustkę, kiedy masz niski poziom energii i czujesz, że wszystko cię przerasta.

Z przodu splotu słonecznego nie ma kości, lecz tylko miękka tkanka, dlatego utrzymanie się w pozycji pionowej wymaga posiadania *kręgosłupa* – słowo to świetnie oddaje nie tylko możliwość stania w pionie, ale też siłę do stawiania czoła konfliktom i gotowość do ich rozwiązywania, a także gospodarowania naszą energią. Jeśli trzecia czakra jest niemal pusta, splot słoneczny nie jest wypełniony energią, a ciało wokół niego wiotczeje. Jeśli czakra trzecia jest przepełniona, stajemy się sztywni, surowi, nadęci i może nam grozić uwięzienie w tej czakrze.

Moc to energia, więc nie jest żadnym zaskoczeniem, że to *ogień* jest żywiołem związanym z trzecią czakrą. Termin Manipura oznacza „lśniący klejnot". Nasz fizyczny pojazd wzmacnia się dzięki czakrze pierwszej, a czakra druga wprawia go w ruch, teraz jednak musimy nauczyć się jak sprawić, by nas pojazd miał zawsze energię, byśmy mogli nim kierować, unikając przeszkód mogących na nas czyhać po drodze. Do tego celu potrzebujemy energii, mocy i chęci. Jak nasze ciało tworzy owe aspekty trzeciej czakry?

Przez trzydzieści sekund energicznie pocieraj o siebie obie dłonie? Co się wówczas dzieje? Wytwarza się ciepło. Im dłużej pocierasz dłonie, tym więcej ciepła wytwarzasz. Dobrze ilustruje to zasadę, wedle której energia wytwarzana jest dzięki kombinacji czakry pierwszej i drugiej. Czakra pierwsza to materia – czyli twoje dłonie – a czakra druga to ruch – czyli pocieranie o siebie dłoni. Rezultatem jest tarcie, na skutek którego wytwarza się ciepło. Pocieranie o siebie dwóch patyków daje ogień, a tarcie w dowolnej maszynerii generuje ciepło i wymaga energii. A zatem energia jest niezbędna, by wyprodukować energię, ale gdy już rozniecimy ogień, łatwiej jest generować dalszą energię.

Rozbudzenie trzeciej czakry ma związek z rozniecaniem w tobie wewnętrznego ognia, wzmocnieniem twojej woli i zastosowaniem tego, by osiągnąć swój cel. Należy wprawić ciało w ruch, przezwyciężyć inercję i skierować twą wewnętrzną energię ku upragnionemu celowi.

Znaczenie symbolu trzeciej czakry

Symbolem trzeciej czakry jest kwiat lotosu o dziesięciu płatkach, które reprezentują dziesięć palców dłoni – czyli to, za pomocą czego zmieniamy świat. Rdzeń słowa „manipulować" czyli samo „man" oznacza „dłoń". Często uważamy manipulację za coś negatywnego, ale prawdę mówiąc cały czas manipulujemy materią przekształcając ją w energię np. zjadany pokarm, przedmioty, które przemieszczamy, działania, jakie podejmujemy.

Wewnątrz lotosu znajduje się trójkąt, którego jeden z wierzchołków skierowany jest ku dołowi. Tak jak w przypadku pierwszej czakry wskazuje on na nasz punkt skupienia, który bierze się z ziemi i rozciąga się w górę. Obok trójkąta odnajdziemy także boginię Shakti (pierwotną energię), której trzy formy łączą się w aspektach woli, działania i wiedzy (w sanskrycie *Iccha, Kriya* i *Jnana*). Nie wystarczy bowiem mieć tylko wolę i działać – oba te aspekty musi zawsze „utemperować" wiedza lub świadomość. W hinduizmie odnajdziemy wiele aspektów występujących jako trójca np.: trzy *guny*[4] czy też cechy zwane *tamas, radźas, sattwa,* albo materia, energia i świadomość czy też potrójne znaczenie bogiń i bogów, którzy są jednocześnie stwórcami, renowatorami i niszczycielami. Moc bierze się z mądrego połączenia wszystkich tych potrójnych aspektów, które wznoszą się ponad dualizm drugiej czakry.

Wewnątrz lotosu znajduje się ram – zwierzę mocy oraz symbol dźwięku tej czakry czyli *Ram.*

Pomyśl o symbolu trzeciej czakry jako o lśniącym klejnocie, roztaczającym blask z twego splotu słonecznego i rozniecającym twą wewnętrzną moc.

Wzmacnianie woli

Najpowszechniejszym powodem, dla którego ludzie się poddają, jest myślenie, że nie mają żadnej mocy.

Alice Walker

Moc bierze się z jasnej i konkretnej osobistej woli – nie aż tak silnej, by dominować nad innymi, ale nie tak słabej, by dawać się zdominować innym. Przyjrzyjmy się relacji między energią a wolą.

Dzieci mają mnóstwo energii. Biegają wkoło, robią mnóstwo hałasu i bawią się, nie myśląc nawet o tym, co robią. Dorośli często zachowują

[4] Guna – w sanskrycie słowo oznaczające więź, nić lub cechę. W hinduizmie termin ten rozumiany jest jako jakość, cecha (przyp. tłum.).

się wręcz odwrotnie: robią to, co muszą, wykonują swoje obowiązki, starają się być odpowiedzialni (czyli robią to, co definiuje ich jako dorosłych), ale z wiekiem mają coraz mniej energii. Skuteczne wzmacnianie woli pozwala połączyć ze sobą energię ze świadomością.

Wspomnieliśmy już, że energia stanowi paliwo dla trzeciej czakry i powstaje dzięki kombinacji materii i ruchu, czyli aspektów czakry pierwszej i drugiej. Ale by w pełni rozwinąć naszą moc, musimy mieć silną wolę. Wola stanowi połączenie energii, biorącej swój początek w niższych czakrach w celu podjęcia *działania* oraz świadomości, biorącej się z czakry korony, która oferuje nam *intencję*. Działanie bez intencji jest bezsensowną zachcianką, a nawet może być szkodliwe. Z kolei intencja bez działania – no cóż, wszyscy dobrze znamy powiedzenie mówiące dokąd wiedzie droga wybrukowana dobrymi chęciami. Prowadzi to jedynie do bezsilności.

Wola ukierunkowuje naszą energię ku intencji, by wygenerować pożądany efekt. Możemy np. bardzo chcieć trzymać się wyznaczonej diety, wstać rano i medytować* albo posprzątać mieszkanie, ale nie mamy na to energii, zatem taka intencja pozostaje zaledwie nieskonkretyzowaną myślą, ponieważ nie zostaje finalnie zamanifestowana. Albo też mamy w sobie mnóstwo energii, by coś zrobić, ale nie bardzo wiemy, co zrobić lub też jak coś zrobić.

Jeśli z powodzeniem połączymy intencję i energię, wówczas uda nam się zrobić to, co sobie założyliśmy i będziemy mieć poczucie osobistej siły. Pomyśl o tym uczuciu, które czujesz, kiedy możesz wykreślić z listy swoich zadań jakąś poważną i trudną rzecz zamieniając ją z kategorii „do zrobienia" w „zrobione!". To właśnie z tego uczucia wewnętrznej mocy czerpiesz poczucie własnej wartości. Powiedz sobie: „Mogę to zrobić", a poczujesz się znacznie bardziej pewnie w kwestii zarządzania swoim życiem.

---

* Więcej o sztuce medytacji można znaleźć w książce „Buddyjska sztuka znikania" autorstwa Ajanha Brahma. Publikacja dostępna jest w sklepie www.talizman.pl (przyp. wyd. pol.).

Tu zaczyna się rola trzeciej czakry: połączenie spływającego w dół strumienia świadomości z płynącym w górę strumieniem energii, by uformować silną wolę, które ukierunkuje energię, by doprowadzić do skutecznego działania. Oznacza to, że energia i intencja muszą współgrać i pozostawać ze sobą w pełnej harmonii. Jeśli chcą podążać w odmiennych kierunkach np. energia chciałaby jeszcze pozostać w łóżku, a intencja woli wstać i medytować, wówczas może dojść do blokady trzeciej czakry. Zwyczajnie nie wie ona wówczas, co ma zrobić, ponieważ odbiera niespójne impulsy z różnych części nas samych.

Długofalowym celem trzeciej czakry jest osiągnięcie *mistrzostwa* – mistrzostwa w panowaniu nad energią ciała, emocjami, naszymi działaniami, wypowiadanymi słowami oraz myślami. Do mistrzostwa dążymy przez lata praktyki, a praktyka jest rezultatem połączenia energii i intencji – ciągle i ciągle – aż nie będzie to wymagało absolutnie żadnego wysiłku. Prawdziwą moc odnajdziemy w wygodzie i łatwości, jakie czerpiemy z owego mistrzostwa.

Mistrzostwo to nie to samo co kontrola, chociaż wspiera ona poniekąd władzę *nad* innymi, ale nie stanowi też kontroli w pojęciu dominacji nad innymi. Mistrzostwo to idzie w parze z wewnętrznym systemem przewodnictwa, skutecznym systemem sterowania naszym pojazdem na drodze ku przeznaczeniu.

Pragnienie i wola

Chociaż wspaniale jest dryfować na wodach drugiej czakry, które bez żadnego oporu wiodą nas ku przyjemnością, to jednak istnieją takie aspekty życia, które niekoniecznie bywają przyjemne. Za każdym razem, gdy podejmujemy się jakiegoś obowiązku – codziennego wstawania rano i chodzenia do pracy, wychowywania dziecka, zawarcia małżeństwa – pojawiają się dni, gdy nasze pragnienia i odczucia wcale nie idą w parze z naszymi obowiązkami. Czasami po prostu nie chce nam się iść do pracy, najchętniej zostalibyśmy w łóżku zamiast prowadzić dziecko do szkoły albo nie potrafimy sobie przypomnieć, dlaczego właściwie poślubiliśmy tę osobę, która siedzi obok nas przy stole. W takich chwilach potrzebujemy silnej woli, by wykrzesać z siebie moc.

Kiedy jesteśmy na etapie drugiej czakry, mamy do czynienia z pragnieniem i wyborem: „Czy chcę iść w tę stronę czy w drugą?", „Czy chcę podążać ku czemuś czy raczej tego unikać?" Gdy aktywnie dokonujemy wyboru i podejmujemy działania, by dążyć do założonego celu, wówczas w ten proces angażujemy swoją wolę.

Jednak pragnienie i wolę łączy dziwna relacja. Nie zawsze pozostają ze sobą w harmonii, a bywa, że stają się swoimi wrogami. Kiedy nadchodzi moment dokonania wyboru – co *powinniśmy* zrobić kontra co *chcemy* zrobić – pragnienie i wola są jak dwa konie, które wyrywają się z bramek podczas derbów. Jeśli zanadto pofolgujemy swoim pragnieniom, nasza wola się rozleniwi i pragnienia wygrają. Robienie tego co musimy zrobić wcale nie jest łatwe; weźmy na to takie zajęcia jak zmywanie naczyń, kończenie zaczętej pracy czy trzymanie się narzuconej dyscypliny treningu albo diety.

Ale jeśli wola jest zbyt silna i dominuje nad pragnieniem, zaczynamy tracić entuzjazm i chęć do życia. Odsuwamy się od rzeczy, które sprawiają nam przyjemność, a życie staje się nudną harówką. W dwóch dolnych czakrach zaczyna nam ubywać energii i naszej woli zaczyna brakować paliwa.

Idealną sytuacją jest, gdy wola i pragnienie pozostają ze sobą w harmonii, a pragnienie „karmi" naszą wolę. Pomyśl jak się czujesz, gdy wstajesz wcześnie rano w dniu, w którym wyjeżdżasz na wakacje, w porównaniu do tego jak się czujesz w dniu, w którym po prostu idziesz do pracy. W obu przypadkach mamy to samo zadanie – poranne wstawanie – ale więcej entuzjazmu masz wtedy, gdy w grę wchodzą także pragnienia.

Ważne jest, by pamiętać, że zawsze mamy wybór. Jeśli tocząca się w naszej głowie kotłowanina myśli składa się z samych „muszę" – „Muszę posprzątać dom", „Muszę zapłacić rachunki" – wówczas odsuwamy od siebie własną moc i stracimy poczucie sensu dokonywania wyboru. Jeśli przekształcimy nasz wewnętrzny dialog tak, by było w nim miejsce na *wybór* i własne postanowienia, wówczas napełnimy się mocą. Możemy powiedzieć: „Postanawiam pozmywać naczynia, ponieważ chcę mieć czysto w kuchni." A w przypadku postanowienia przestrzegania diety w grę wchodzi wybór zdrowego odżywiania i wybierania w tym celu odżywczych produktów.

Wzmacnianie woli rozpoczyna się, gdy zdamy sobie sprawę, że wszystko co robimy – nawet jeśli sądzimy, że robimy to tylko, by zadowolić kogoś innego – robimy zgodnie z naszą wolą. Posiadanie własnej woli to pierwszy krok do utwierdzenia się w niej i pierwszy krok w kierunku własnej mocy.

Ćwiczenie: Sporządzanie listy

- Sporządź listę wszystkiego, o czym mówisz sobie „muszę to zrobić." Niech będą to zarówno rzeczy krótkoterminowe jak sprzątanie mieszkania oraz długoterminowe takie jak ukończenie projektu w pracy czy rozliczenie podatku. A oto przykład:

Muszę:

- Zrobić pranie.

- ✧ Napisać raport.
- ✧ Być milszym dla mego sąsiada.
- ✧ Zapłacić rachunki.
- ✧ Pozmywać naczynia.
- ✧ Spędzać więcej czasu z moimi dziećmi.
- ✧ Wysprzątać garaż.
- ✧ Zrzucić kilka kilogramów.
- ✧ Lepiej się odżywiać.
- ✧ Więcej ćwiczyć.

- ❖ Twoja lista może być całkiem długa. Zastanów się, jak się z tym czujesz.
- ❖ Następnie przeczytaj tę listę i wszystko swoje „muszę" zamień na „postanawiam" i sprawdź, jak się z tym czujesz. Możesz nawet dodać „postanawiam, ponieważ..." np. „Postanawiam zapłacić rachunki, ponieważ chcę mieć dobrą historię kredytową.", „Postanawiam się lepiej odżywiać, ponieważ dzięki temu lepiej się czuję."

Zauważ, że wcale nie mówimy tu „chcę." To przecież nie wchodzi w grę w takich sprawach jak rozliczanie podatków czy płacenie rachunków. Postanawiając dokonać wyboru, dajesz sobie wewnętrzną siłę. Jeśli nadal nie jesteś w stanie dokonać „postanowienia", co będziesz robić, to możesz zadać sobie pytanie, po co to robisz.

Pamiętaj, że możesz także postanowić, że *nie* będziesz czegoś robić. Powiedzenie „nie" czemuś czego nie chcesz, jest również przejawem woli.

Okres rozwojowy trzeciej czakry

Moja przyjaciółka Karen była niesamowicie rozdrażniona. Jej syn Nathan był akurat w okropnym wieku dwóch lat i co za tym idzie, strasznie trudno było nad nim zapanować. Na każdym kroku torpedował jej decyzje, mówiąc „nie", wpadając w złość i odmawiając wszelkiej współpracy. Karen dosłownie odchodziła już od zmysłów.

Każdy rodzic na pewno pamięta trudności etapu rozwoju trzeciej czakry, kiedy to dziecko odkrywa, że posiada własną wolę i używa jej niczym nowej zabawki, by manipulować wszystkimi w swoim otoczeniu. Chociaż rozwijanie siły swej woli jest zdecydowanie pozytywne, to jednak dziecko na tym etapie rozwoju niewiele jeszcze o świecie, zatem nie potrafi jej jeszcze odpowiednio używać. Nie zdaje sobie jeszcze sprawy, że niebezpiecznie jest bawić się na ulicy, że jedzenie zbyt wielu słodyczy przyprawia o mdłości i że wrzask w sklepie nie jest najlepszym pomysłem, bo spowoduje jedynie wściekłe spojrzenia.

Można rzec, że pierwsza czakra dotyczy zdobywania, druga odpuszczania, a trzecia dotyczy wiedzy, kiedy zdobyć i trzymać, a kiedy odpuścić. Ujawnia się to w sytuacjach, gdy dajemy upust swoim emocjom lub gdy tłamsimy je w sobie, albo gdy decydujemy się mówić lub zamilknąć czy też podjąć działanie albo się wycofać. We wczesnym dzieciństwie jest to najbardziej widoczne podczas nauki korzystania z nocnika – wymaga nauczenia się, kiedy trzeba „trzymać", a kiedy można „puścić."

W omawianym okresie rozwojowym kluczowym zadaniem jest *kontrola impulsów*. Przed etapem trzeciej czakry dzieci są niczym reagujące maszyny: gdy wszystko jest w porządku, reagują tak samo, gdy coś idzie źle, nie mają oporów, by to sygnalizować. Płaczą, kiedy są smutne i krzyczą z frustracji, nie zastanawiając się nad konsekwencjami, ponieważ brak im jeszcze dojrzałości, by kontrolować swoje zachowanie.

Aby potrafić nawiązywać relacje społeczne (co ma miejsce w czakrze serca, czyli kolejnej po czakrze trzeciej), Nathan będzie musiał nauczyć się kontrolować swoje impulsy, które teraz mówią mu: uderz, ukradnij, krzycz, niszcz przedmioty, dawaj upust emocjom. Jednak u większości dzieci w tym wieku energia domaga się ujścia w postaci działania! Świat jest niczym wielki plac zabaw, który trzeba poznać i dogłębnie zbadać. Dlatego rodzice i dzieci toczą na tym etapie rozwoju nieustającą bitwę – która trwa mniej więcej od osiemnastego miesiąca życia dziecka do wieku trzech lat (i może nawrócić w wieku dorosłym!).

Kiedy Nathanowi uda się zapanować nad swoimi impulsami, zostaje nagrodzony. Jest to także jego pierwsze doświadczenie w drodze do mistrzostwa, co jak pamiętasz, buduje poczucie własnej wartości. Kiedy Nathan ma poczucie, że jest w stanie znakomicie wykonać jakieś zadanie np. samodzielnie się ubrać lub ułożyć układankę, nabiera pewności siebie. Dziecko musi mieć poczucie mocy, by nabrać tej pewności siebie, ale owa moc musi się rozwijać, będąc w równowadze z mocą innych ludzi.

Problem pojawia się, gdy rodzice zaczynają wymagać od dzieci zbyt wiele – albo zbyt wiele wymagają zbyt wcześnie. Wówczas dziecko ma kłopoty z doświadczeniem własnego mistrzostwa, a trzecia czakra pozostaje w stanie niedoczynności. Dzieci nadmiernie kontrolowane przez autorytarnych rodziców tak głęboko zaprzeczają swoim impulsom, że znika ich spontaniczność i skłonność do swawoli. Z drugiej strony są dzieci, którym rodzice nadmiernie pobłażają i dzieci te zyskują fałszywe poczucie własnej mocy, przez co później pojawiają się problemy w relacjach z innymi ludźmi.

Tożsamość ego

Na tym etapie rozwoju dziecko zaczyna rozwijać swoją tożsamość ego zorientowaną na samookreślenie. Ego daje nam pierwsze poczucie siebie samych – tego kim jesteśmy i jak chcemy pokazać się światu. Potrzebujemy silnego ego, by przetrwać w tym pełnym współzawodnictwa świecie. Musimy wiedzieć, kim jesteśmy i do czego jesteśmy zdolni, a w razie niebezpieczeństwa musimy być w stanie się obronić.

Ego jest jak tożsamość wykonawcza: to ono decyduje, jaki wdrażamy plan gry i jak go wykonamy. Ale ego to nie cała osoba, a zablokowanie się na tym poziomie może uwięzić nas na etapie tożsamości ego, trzymając nas na dystans od wyższych czakr, zwłaszcza od czakry serca.

W idealnej sytuacji ego jest niczym dom. Trzymamy w nim ubrania, które na nas pasują, na ścianach zawieszamy swoje ulubione obrazy, a w lodówce czeka nas nasze ulubione jedzenie. Potrzebujemy domu lub mieszkania, do którego można wrócić po ciężkim dniu pracy. Ale gdybyśmy całkiem nie wychodzili z domu, nasze życie byłoby ubogie. Na zewnątrz czeka bowiem wielki świat – znacznie większy niż nasze małe ego.

Dla zdrowia trzeciej czakry wskazane jest posiadanie silnego ego. Ale zablokowanie się na tym poziomie uniemożliwi nam dalszy rozwój duchowy, trzymając nas z dala od ponad połowy systemu czakr, których jeszcze nie poznaliśmy! Ważne jest, by ego „wiedziało", że ma w nas swoje miejsce, ale równie ważne jest, by umieć je w tym miejscu utrzymać.

Demon wstydu

Osoba przytłoczona wstydem, będzie się opierała przed otwarciem swego wnętrza dla innych, ale co bardziej istotne, będzie się opierała przed otwarciem się przed samym sobą.

John Bradshaw

Wspomnieliśmy już, że nadrzędnym celem mocy trzeciej czakry jest mistrzostwo. Gdy z powodzeniem połączymy naszą energię i intencję, by uzyskać pożądany wynik, czujemy się pełni siły.

Ciemną stroną trzeciej czakry jest wstyd. Wstyd to przeciwieństwo mocy. Zamyka trzecią czakrę i sprawia, że chcemy się ukryć lub wycofać. Może nas sparaliżować strach, że zrobimy coś źle albo sprawić, że zaczniemy się przepracowywać, by udowodnić, że jesteśmy coś warci.

Rodzice aż nazbyt często zawstydzają swoje dzieci z powodu ich dziecinnych, acz całkowicie naturalnych zachowań: „Co jest z Tobą? Powinieneś się wstydzić!" albo: „Tak mi wstyd z powodu tego, co zrobiłeś. Jak sądzisz, jak się teraz czuję?"

W takich chwilach dziecko zaczyna uznawać, że jego naturalna skłonność do przekształcania energii w działanie jest niebezpieczna. Kiedy ujawnia się jego energia, zostaje osądzane i zawstydzane: „To nie było wystarczająco dobre.", „Zawsze coś psuję.", „Nie potrafię nic zrobić jak należy." Wówczas energia zostaje zablokowana i może być trudno uzyskać później do niej dostęp. Z kolei niektórzy ludzie na zawstydzenie ich przeszłych działań reagują podwojeniem wysiłków, by udowodnić sobie, że są w stanie podołać zadaniu, co może skutkować przepracowaniem i wycieńczeniem. Są to właśnie przykłady nadczynności i niedoczynności trzeciej czakry, które biorą się właśnie z negatywnego aspektu tej czakry.

Nadczynność i niedoczynność trzeciej czakry

Mary Lou siedziała w moim biurze załamana i spięta, a po twarzy spływały jej łzy. Powiedziała, że jest w stanie totalnej paniki przed prezentacją, którą ma następnego dnia. Była przerażona wizją wystąpienia przed ludźmi, który będą na nią patrzeć, panicznie bała się porażki. Jej trzecia czakra zapadła się w sobie i kiedy Mary Lou stanęła przede mną, a ja położyłam dłoń na jej splocie słonecznym, miałam wrażenie, że niczego tam nie ma. Tak jakbym mogła niemal dotknąć jej kręgosłupa, bo nic nie stawiało mi oporu. Nic dziwnego, że Mary Lou była przerażona! Miała poważną niedoczynność trzeciej czakry.

Dla odmiany Ron miał w sobie ogromną siłę napędową. Jako właściciel dużej firmy pracował godzinami i był obarczony ogromną odpowiedzialnością. Zapewnił swej rodzinie godziwy byt, ale jego nawyk kontrolowania wszystkiego wokół, łącznie z sobą samym, zaczął odciskać piętno na jego małżeństwie. Żona zagroziła, że od niego odejdzie, jeśli nie wprowadzi konkretnych zmian, nie zwolni i nie spróbuje odbudować pomiędzy nimi dawnej intymności. To była chyba najtrudniejsza rzecz, o jaką kiedykolwiek poproszono Rona. Wykazywał bowiem nadczynność trzeciej czakry.

Nadczynność trzeciej czakry może przybierać formę *robienia zbyt wiele*. Człowiek zaczyna koncentrować się na tym, by robić, a nie by być. Może nawet nie koncentruje się tak bardzo na kontrolowaniu innych ludzi czy wszystkiego wokół, ale zawsze dąży do ukończenia postawionego sobie zadania. Związane jest to z trzecią czakrą i powiązanym z nią poczuciem własnej wartości. W kulturze Zachodu jesteśmy nagradzani za wykonanie zadania. To zaś może prowadzić do nadmiernej aktywności czakry, co może skutkować jej wyczerpaniem.

Cechy nadczynności i niedoczynności trzeciej czakry

Nadczynność	**Niedoczynność**	**Równowaga**
Kontrolowanie	Słaba wola	Asertywność
Dominacja	Mentalność ofiary	Rozwaga
Ciągła aktywność	Bierność	Samodyscyplina
Wrzody, zgaga	Kłopoty z trawieniem	Dobre trawienie
Podwyższona temperatura	Obniżona temperatura	Ciepło
Arogancja	Apatia	Pewność siebie
Upartość	Obwinianie	Śmiałość
Popęd	Brak celu	Celowość

Ćwiczenie: Przyrost mocy

Aby poczuć swą moc, musimy rozważnie przemieszczać energię wzdłuż naszego ciała. To ćwiczenie najlepiej jest wykonywać z drugą osobą, ale jeśli wykonujemy je samotnie, możemy posłużyć się ścianą.

- Stań naprzeciwko drugiej osoby, ugnij ręce w łokciach, a otwarte dłonie skieruj na wprost siebie. Dłonie powinny znajdować się na wysokości trzeciej czakry, a zatem twoje przedramiona powinny być mniej więcej równoległe do podłogi. (W wersji alternatywnej, jeśli nie masz towarzysza, oprzyj dłonie o ścianę – dłonie trzymaj na wysokości trzeciej czakry, a przedramiona w miarę równoległe do płaszczyzny podłogi.)
- Stojąc naprzeciw partnera, zetknij dłonie z jego dłońmi (lub oprzyj je o ścianę). Wykonaj ćwiczenie uziemiające, czując, jak *znajdujesz się na centralnej linii swej energii.*
- Teraz staraj się napierać na dłonie swego towarzysza (lub na ścianę), ale nie trać przy tym równowagi pozostając w jednej linii z energią. Unikaj pochylania się i upewnij się, że twój tułów znajduje się w pozycji pionowej. Po prostu napieraj rękoma, oddalając je od swego kręgosłupa. Tak jak drzewo wypycha z pnia swe gałęzie, ale nie przechyla przy tym samego pnia.
- Gdy naciskasz na dłonie partnera, niech on naciska na twoje. (Ściana jest pod tym względem neutralna, ale solidna i zapewnia opór.)
- Otwórz oczy i spójrz na swego towarzysza. Każdy z was ma swą moc i właśnie się z nimi zetknęliście. Utrzymaj swą moc, nawet jeśli miałbyś przy tym wydać jakiś pomruk lub zrobić groźną minę.
- Następnie stopniowo zwalniaj nacisk dłoni i powoli rozłączcie swoje ręce. Unieś dłonie do brzucha i poczuj tam swą moc.
- Podziel się swoimi wrażeniami z partnerem.

Ćwiczenie: Drwal

Mówi się, że ten, kto rąbie drwa, ogrzewa się dwa razy: ogrzewa go ogień płonącego drewna, ale też rozgrzewa się podczas samego rąbania drew. To ćwiczenie pozwoli ci się rozgrzać. Rozluźni twoją trzecią czakrę i pozwoli jej się rozładować, a jednocześnie pozbyć się blokad i stagnacji.

- Stań, rozstawiając stopy na szerokość ramion i lekko ugnij kolana. Oddychaj z wykorzystaniem techniki uziemiającej (patrz strona:57). Wykonując wdech, uginaj kolana, a robiąc wydech, odpychaj się od podłogi prostując nogi.
- Kiedy poczujesz energię przepływającą przez nogi, dodaj element drugiej czakry (patrz strona: 87). Podczas wdechu wypychaj do tyłu kość ogonową, uginając kolana, a podczas wydechu wypchnij biodra do przodu, prostując kolana.
- Teraz jesteś gotów, by wygenerowaną energię przemieścić do trzeciej czakry. Stań w większym rozkroku – stopy rozstaw szerzej niż na szerokość ramion. Unieś ręce za głowę, splatając ze sobą palce dłoni – umieszczając nadgarstki za głową, wygnij lekko plecy w łuk.
- Zrób pełen wdech i wyobraź sobie, że trzymasz w dłoniach siekierę, a przed tobą leży drewniane polano.
- Gdy będziesz gotów, zrób wydech i z głośnym „ha!” przemieść nadgarstki i cały tułów ku dołowi, jakbyś rąbał w wyobraźni drewno przed tobą. Pozwól, by nadgarstki swobodnie opadły – niech opadną w dół aż pomiędzy twoje nogi. Pozwól głowie podążyć za tym ruchem i też swobodnie opaść.
- Robiąc wdech, podnieś się do pozycji stojącej, umieść znowu ręce za głową.
- Powtórz ćwiczenie kilka razy, gładko pochylając się w dół, wydając z siebie dźwięczne „ha!”
- Kiedy skończysz, zrób przerwę i skup się na obszarze swojej trzeciej czakry. Poczuj ją. Powinieneś poczuć ciepło, a także odprężenie i więcej swobody.

CO NALEŻY ZAPAMIĘTAĆ

- Żywiołem trzeciej czakry jest ogień.
- Generujemy energię, łącząc materię i ruch.
- Wola jest połączeniem energii i intencji.
- Poczucie własnej wartości rozwijamy poprzez mistrzostwo, a do mistrzostwa dochodzimy dzięki praktyce.
- Negatywną domeną trzeciej czakry jest wstyd i to on sprawia, że splot słoneczny zapada się.
- By odnosić sukcesy, potrzebne nam ego, jednak nie możemy w nim utknąć.
- Efektywną moc zapewnia nam równowaga pomiędzy nadczynnością a niedoczynnością.

Czakra czwarta

Powietrze

Czakra czwarta

Powietrze

Twoje zadanie nie polega na szukaniu miłości,
ale zaledwie na szukaniu i znajdowaniu wszelkich barier
w sobie, które przeciwko miłości wzniosłeś.

Rumi

Lokalizacja:	Klatka piersiowa, płuca i serce
Nazwa i znaczenie:	Anahata, niezakłócony dźwięk
Cele:	Miłość, równowaga, przestronność
Żywioł:	Powietrze
Zasada:	Równowaga
Wiek rozwoju:	3,5–7 lat
Tożsamość:	Tożsamość społeczna
Zorientowanie:	Samoakceptacja
Negatywna domena:	Żal
Prawo:	Kochać i być kochanym

Dźwięk:	*Yam*
Kolor:	Zielony
Forma zrównoważona:	Otwartość, miłość, koncentracja

Tajemnicza esencja miłości

Każda z czakr otwiera przed nami nie tylko pewne miejsce wewnątrz nas samych, ale także pewną sferę istnienia. W czakrze serca ową sferą jest pole uniwersalnej miłości. Pole to otacza nas z każdej strony, jednak często go nie dostrzegamy, tak samo jak otacza nas powietrze, a jednak go nie widzimy. I tak jak bez powietrza, które jest żywiołem czwartej czakry, nie możemy żyć bez miłości. Chłoniemy ją z każdym oddechem, podczas wdechu i wydechu ulega ciągłej wymianie. Otwarcie się na tę miłość i odnalezienie miejsca, gdzie łączą się światy wewnętrzny i zewnętrzny to zadanie czakry serca.

Jak otworzyć swe serce? Jak odnaleźć drogę ku głębszej miłości? Jak odnaleźć więcej miłości? Jak mamy się otworzyć, by odbierać miłość od innych? I jak kochać bezwarunkowo? A dzięki temu otwarciu dowiemy się, jak dawać więcej miłości, by zasilać nią bliskich wokół nas, pomagając światu się rozbudzić.

Miłość w nas samych możemy odnaleźć, łącząc się z głębią naszego jestestwa. Wymaga to dostrojenia się do ciała (czakra pierwsza), umożliwienia przepływu energii (czakra druga) i wsparcia stabilnej, spokojnej woli (czakra trzecia). Dopiero wówczas dzięki pomocy niższych czakr możemy otworzyć się na przestronność powietrznej sfery serca.

Serce stanowi wówczas centrum naszej jaźni. Poniżej znajdują się trzy czakry i powyżej również trzy, a zatem jest to idealne miejsce sprzyjające równowadze i integracji.

Tak jak trzecia czakra skupia energię na „działaniu", czakra serca zabiera nas do stanu dogłębnego „bycia." Wznosimy się ponad wolę i wysiłek, poddajemy się wyższej mocy, otwarciu i rozległej łagodności. Odnajdujemy równowagę pomiędzy braniem i dawaniem w nieustającej wzajemności. Aby osiągnąć ten stan nierzadko potrzebna jest wola – tak samo jak wysiłek niezbędny jest, by wspiąć się na szczyt góry, na którym możemy zdjąć plecak, odpocząć i cieszyć się z bycia w tymże miejscu. Kiedy trzecia czakra wykona swoją pracę, czakra serca zyskuje wsparcie, dzięki któremu może się otworzyć.

Miłość wokół nas odnajdujemy, doceniając wszystkie drobne uroki życia, z całym jego pięknem, tajemniczością, magią i nieskończoną różnorodnością. Każda lekcja życia, choć czasami trudna, otwiera nas na współczucie, przebaczenie, zrozumienie i miłość. Owe atrybuty serca wpływają łagodząco na ciało – zacierają granice pomiędzy tym co wewnętrzne, a tym co zewnętrzne, pomiędzy sobą a innymi, dzięki czemu otwieramy się na miłość, która ciągle jest wokół nas.

Otaczające nas uniwersalne pole miłości jest zarówno inteligentne jak i pełne współczucia. Jest gotowe wziąć nas w objęcia i obdarzyć niezliczonymi błogosławieństwami. Czeka, aż zdamy sobie sprawę, że było przy nas od zawsze, prowadząc nas i kochając. Musimy jedynie pokonać bariery, które zbudowaliśmy, by się chronić; bariery, które dawniej mogły się nam wydawać konieczne, lecz teraz nam tylko zawadzają.

Miłość jest spoiwem wszechświata, które utrzymuje nasz świat w całości poprzez miriady związków międzyludzkich, w których nieustannie zachodzi wymiana energii. To owa wymiana sprawia, że świat jest tak wspaniały – drzewa emitują tlen, którym oddychamy, a pochłaniają dwutlenek węgla, grzyby rozkładają rośliny, które dają w ten sposób początek żyznej glebie, a słońce i deszcz znajdujące się w równowadze, tworzą idealne warunku do rozwoju życia. To, że świat trwa w ten sposób, to niezwykły cud.

Jeśli seks to pierwsze doznanie, w którym doświadczamy „rozpuszczenia" naszej bańki ego, odseparowującej nas od świata, to zakochanie jest doznaniem, w którym owo „rozpuszczenie" jest bardziej trwałe niż tylko ulotna chwila uniesień. Gdy tak wspinamy się po systemie czakr, dążąc ku jedności z uniwersalną świadomością, kluczowym krokiem na naszej drodze jest właśnie miłość.

Ćwiczenie: Czas na oddech!

- Weź głęboki oddech. Poczuj, jak powietrze wypełnia twoje płuca i poszerza twoją klatkę piersiową. Poczuj w sobie przestronność, jaką daje taki głęboki wdech. Możesz nawet na chwilę wstrzymać oddech.
- Teraz zrób wydech, delikatnie uwalniając napięcie w ciele – rozluźnij ramiona, klatkę piersiową, ręce i dłonie,
- Poczuj naturalny impuls, by znów zaczerpnąć oddechu i pozwól płucom wypełnić się jeszcze bardziej. Podczas wdechu wyobraź sobie, że oddycha całe twoje ciało, że twoja skóra jest membraną, która kurczy się i rozszerza i że ta granica pomiędzy światem zewnętrznym, a twoim wnętrzem zaczyna się delikatnie rozpuszczać...
- Zwróć uwagę na naturalną równowagę pomiędzy wdechem a wydechem. Powietrza zawsze jest pod dostatkiem, zawsze możesz złapać drugi oddech – od pierwszego wdechu po narodzinach, aż po ostatnie tchnienie w życiu. Tak jak serce, które bije w nas od kołyski aż po grób, tak i oddech jest oznaką życia.

Powietrze, żywioł czakry serca, jest lżejsze i swobodniejsze niż ziemia, woda czy ogień, czyli pozostałe żywioły trzech pierwszych czakr. Z natury ma charakter ekspansywny. Wypełnia swą niewidzialną esencją każdą przestrzeń. Pomieszczenie, w którym się teraz znajdujesz, wypełnione jest powietrzem, które wciska się w każdy zakamarek. Powietrze wypełniające balon sprawia, że się on rozszerza, tak samo dzieje się z naszą klatką piersiową – powietrze rozpręża naszą Wewnętrzną Świątynię. Powietrze odżywia każdą część ciała – każde uderzenie serca rozprowadza tlen do komórek ciała. Powietrze nie ma skraju ani granicy – nie da się powiedzieć, gdzie zaczyna się pole powietrza, a gdzie się kończy. Napełnienie klatki piersiowej powietrzem tworzy przestrzeń w twoim ciele, otwiera subtelną pustkę, która pozwala się rozwijać twemu jestestwu.

Aby dać sercu odpowiednią przestrzeń, najpierw musisz wygospodarować przestrzeń i czas dla siebie samego. Piszę te słowa, przebywając na odległej wyspie u wybrzeży zachodniej Kanady, gdzie zorganizowałam sobie zaciszny zakątek pisarski. Podczas medytacji w nadmorskiej ciszy i spokoju, zdałam sobie sprawę, jak bardzo zapracowane jest moje życie, ciągle coś robię, a po chwili zabieram się już za kolejną rzecz. Gdy otworzyłam się na spokój, uspokoiłam swój oddech, zrozumiałam, jak mało czasu zostawiam na to, by po prostu być, by napawać się łagodnością pola uniwersalnej miłości.

Musimy zrobić w sobie miejsce dla oddechu. Także czakra serca potrzebuje przestrzeni, by otworzyć się na rozwój miłości, obecność pokoju i energię, która wznosi się ku wyższym czakrom.

Znaczenie symbolu czwartej czakry

Symbolem czakry serca jest dwunastopłatkowy kwiat lotosu, w którym znajdują się dwa przecinające się trójkąty, które razem tworzą sześcioramienną gwiazdę. Trójkąty te symbolizują wzajemne przenikanie się materii i ducha, które poruszają się w górę i w dół pozostają w idealnej równowadze. Wiele osób kojarzy ten symbol jako gwiazdę Dawida, bardzo znany symbol wiary żydowskiej. Jednak mało kto wie, że owe przenikające się trójkąty reprezentują Uświęcone Małżeństwo, równowagę i integrację męskości i kobiecości, Boga i Bogini, wnętrza i zewnętrza.

Wewnątrz gwiazdy wpisany jest symbol dźwięku czakry serca, którym jest *Yam*.

W symbolu widoczna jest również antylopa, delikatne, rogate zwierzę, które, choć dzikie, jest pełne gracji i delikatności.

Dwunastu płatkom lotosu można przypisać wiele powiązań: dwanaście znaków zodiaku, podwojenie sześciu płatków drugiej czakry czy podwojenie sześciu ramion gwiazdy.

Zaraz poniżej czakry serca znajduje się mniejsza subczakra zwana Lotosem *Anandakanda*, która zawiera w sobie Niebiańskie Drzewo Życzeń. Niektórzy wierzą, że jeśli pragniesz czegoś całym sercem, drzewo to podaruje ci znacznie *więcej* niż tylko to, czego chcesz. A zatem uważaj, czego sobie życzysz![5]

Hanuman hinduski bóg z głową małpy często przedstawiany jest jako otwierający swą czakrę serca, by pokazać, jak przeplatają się w niej bóg Ram i bogini Sita. Historia o Hanumanie głosi, że Hanuman nauczał, iż Ram i Sita zamieszkują dosłownie wszystko, nawet jego perłowy naszyjnik. Ludzie wokół uważali, że jest niedorzeczny, zatem Hanuman rozerwał i otworzył swą klatkę, by ukazać znajdujących się w niej boskich kochanków. Czasami musimy się po prostu otworzyć, by poczuć czystą moc miłości.

Otwarcie serca

Pozwól, by rzeczy przychodziły i odchodziły;
niech twe serce będzie otwarte niczym niebo.

Lao Tzu

Wydaje mi się, że gdziekolwiek się pojawiam, ludzie pragną się nauczyć, jak otwierać swe serca. Jeśli miłość jest tak naturalnym stanem, to dlaczego jest to takie trudne?

Linda, cicha kobieta po czterdziestce była jednym z takich przypadków. Przyszła do mnie z uczuciem oderwania od wła-

[5] Aby dowiedzieć się więcej o medytacji Niebiańskiego Drzewa Życzeń, odwiedź stronę internetową www.creatingonpurpose.net lub sięgnij po książkę pt. *Creating on Purpose* (Anodea Judith i Lion Goodman, Sounds True, Boulder, CO, 2012.).

snego serca i duszy. Narzekała, że czuje się zmęczona, apatyczna i nieco zagubiona. Słuchając jej, obserwowałam jednocześnie jej oddech. Zauważyłam, że jej wdechy były krótkie i urywane, a po każdym wydechu odczekiwała bardzo długo – sekundę lub dwie – zanim zaczerpnęła kolejny oddech. Nic dziwnego, że czuła się pusta! Jest klatka piersiowa i brzuch zapadały się do wewnątrz, ramiona miała przygarbione, co sprawiało, że jeszcze trudniej było jej oddychać.

Znając sytuację życiową Lindy, wcale nie byłam zdziwiona. Jako dziecko nie otrzymała zbyt wiele czułości, zatem nie bardzo miała skąd ją czerpać. Jej sposób oddychania pasował do jej doświadczeń z dzieciństwa – samotności i poczucia izolacji. Jednakże ten właśnie schemat oddychania sprawiał, że w dorosłym życiu odczuwała to samo.

Zachęciłam Lindę do zmiany pozycji ciała: poprosiłam, by przesunęła kość ogonową bardziej ku przodowi, by usiadła prosto i wypięła pierś do przodu, a ramiona do tyłu. Zrobiłyśmy kilka ćwiczeń rozciągających, by otworzyć jej klatkę piersiową (patrz niżej), po których nabrała promienności i nareszcie jej obecność w pokoju stała się zauważalna. Zaproponowałam, by zwracała uwagę na swój oddech, bo to on może sprawiać, że czuje w środku pustkę. Pomogłam jej dotrzeć do korzeni tego schematu oddychania, by mogła uwolnić wszelkie związane z nim emocje, zwłaszcza żal – negatywny aspekt czakry serca.

Kiedy Linda dała upust łzom, jej oddech zaczął się naturalnie zmieniać. Spontanicznie wzięła głęboki oddech, nie dlatego, że się do tego zmusiła, ale dlatego, że w końcu pozbyła się żalu, który zasiedlał jej serce zajmując w nim przestrzeń. Zasugerowałam, by po wzięciu wdechu przytrzymała na chwilę oddech, by sprawdzić jakie to uczucie. Nauczyłam ją też, by po wydechu zaczerpnęła kolejny oddech wcześniej niż czyniła to do tej pory, by w ten sposób poczuła, że powietrze to pole nieskończenie współczującej, opiekuńczej miłości.

Każdy kolejny oddech powodował w niej przemiany. Jej klatka piersiowa i twarz rozluźniły się i nareszcie poczuła, że ma to, czego potrzebowała i nie musi niczego poszukiwać na zewnątrz. Chociaż zanim ten schemat oddychania stanie się nawykiem Lindy, minie jeszcze kilka tygodni, to jednak znalazła się ona na dobrej drodze do pełnego doświadczenia własnego serca.

Ćwiczenie: Otwieranie klatki piersiowej

Czakra serca umiejscowiona jest pośrodku klatki piersiowej, mimo że serce jako organ znajduje nieco po lewej stronie ciała. Otwarcie klatki piersiowej stwarza przestrzeń dla oddechu, a jednocześnie obdarza nas energią, miłością i witalnością.

❖ Stań, rozstawiając stopy na szerokość bioder. Zacznij od wykonania ćwiczenia uziemiającego, uginając i prostując kolana.
❖ Połóż ręce na sercu i sprawdź, czy jesteś w stanie wyczuć swoje tętno. (Jeśli nie to możesz przyłożyć palce do tętnicy szyjnej lub poniżej uszu po obu stronach szyi.)
❖ Oddychaj głęboko, wciągając powietrze do klatki piersiowej. Zwróć uwagę, czy wymaga to wysiłku czy też przychodzi ci naturalnie albo czy masz skłonność do przytrzymywania oddechu czy też robisz pełny wydech. Przez kilka chwil po prostu oddychaj, starając się zaobserwować własny schemat oddychania. Nie próbuj niczego zmieniać.

- Następnie załóż ręce za plecy i spleć palce. Wygnij ramiona ku tyłowi i wyprostuj łokcie. Zwróć uwagę, jak unosi się twoja klatka piersiowa i jak wypychasz ją do przodu. (Jeśli to dla ciebie zbyt trudne, bo czujesz napięcie w ramionach, możesz ująć w dłonie pasek lub kawałek tkaniny, by zwiększyć odległość pomiędzy dłońmi i sprawić, że łatwiej będzie ci się wygiąć do tyłu.)
- Kiedy wypchniesz klatkę piersiową ku przodowi, oddal splecione dłonie od kręgosłupa i lekko odegnij głowę ku tyłowi, rozciągając przy tym szyję. Zwróć uwagę jak ten ruch jeszcze bardziej otwiera twoją klatkę piersiową.
- Zrób głęboki wdech, wciągając powietrze w nowo utworzoną przestrzeń. Otwórz usta, by zrobić wydech.
- Następnym krokiem jest skłon do przodu. Łokcie nadal pozostają proste, a dłonie splecione. Kręgosłup wydłuża się, a klatka piersiowa pozostaje rozciągnięta.

- Gdy wykonasz pełen skłon, rozluźnij całą górną połowę ciała i pozwól, by rozplecione dłonie naturalnie opadły w dół ciągnięte grawitacją.
- Potrząśnij głową, rozluźniając szyję i pozostań w tej pozycji przez kilka kolejnych oddechów.
- By powstać, podnieś głowę i wypnij pierś do przodu.
- Powoli podnieś się do pozycji stojącej. Ponownie unieś klatkę piersiową.
- Stań normalnie wyprostowany. Zwróć uwagę, czy czujesz, że masz w piersi nieco więcej przestrzeni na oddech i czy twoje ciało jest rozciągnięte bardziej niż było.

Ćwiczenie: Zataczanie kół ramionami

Rozluźnianie ramion jest również znakomitym ćwiczeniem na powiększanie miejsca w sercu.

- Stań, rozstawiając stopy na szerokość bioder. Stój pewnie na ziemi.
- Unieś ramiona horyzontalnie, tak by twoja sylwetka tworzyła kształt litery „T". Wnętrza dłoni skierowane do dołu.
- Napręż dłonie, wyginając palce ku górze, poczuj, jak energia z serca kieruje się ku ramionom i mknie aż ku koniuszkom palców.
- Następnie rozluźnij dłonie i zacznij zataczać koła ramionami od przodu i do tyłu (czyli zgodnie z kierunkiem wskazówek zegara i w kierunku przeciwnym.) Zacznij od małych okręgów, następnie stopniowo powiększaj średnicę koła, aż zaczniesz zataczać największe koła, jakie tylko dasz radę. Wykonując to ćwiczenie,

stale oddychaj – idealnie byłoby, gdybyś robił wdech, gdy ręce kierują się w górę, a wydech, gdy krążenia ramion kierują się dół.

- Zmień kierunek zataczania kół i zacznij zataczać coraz mniejsze i mniejsze okręgi, aż w końcu zatrzymasz ramiona ponownie tworząc literę „T".

Ćwiczenie: Oddech radości

To ćwiczenie sprawia sporo frajdy – zwłaszcza gdy czujesz swobodne przemieszczanie się energii, rozluźniasz tułów i napełniasz serce energią. W ćwiczeniu tym wykonujesz trzy następujące po sobie wdechy, a potem jeden długi wydech.

- Stań, rozstawiając stopy na szerokość bioder i delikatnie ugnij kolana. Zrób wdech i unieś ręce do przodu, zrób kolejny wdech i przesuń je do boków, a przy kolejnym wdechu unieś ręce za głowę.
- Następnie zrób pełen wydech i swobodnie opuść ręce w dół, pozwalając ugiąć się łokciom.
- Wróć do pierwszej pozycji i ponownie powtórz trzy wdechy z ruchem ramion, unosząc ręce do przodu, do boków i do góry. Następnie podczas wydechu opuść ręce w dół.
- Powtórz ćwiczenie kilka razy, a potem zamknij oczy i stój tak przez kilka chwil, by poczuć efekty ćwiczenia.

Okres rozwojowy czwartej czakry

Nathan, którego już wcześniej poznaliśmy, nareszcie wydostał się z etapu trzeciej czakry. Rozwinął w sobie poczucie własnej mocy i autonomii i był gotów nawiązywać relacje społeczne. Nie znaczy to, że wcześniej nie kochał i nie odpowiadał na okazywaną miłość, lecz dopóki nie zyskał kontroli nad swoimi impulsami, nie miał zbyt wiele wpływu na kształtowanie własnej osobowości. Teraz jednak nabrał na tyle samokontroli, że mógł kształtować swoje zachowanie w taki sposób, by otoczenie reagowało na niego miłością, uwagą i aprobatą.

Dotyczy to rodziny, szkoły i sąsiedztwa. W niektórych rodzinach dziecko ma młodszych braci i siostry albo z kolei dorasta do wieku, w którym może się już bawić ze swoim starszym rodzeństwem. Nathan zaczął się już bawić z dziećmi z sąsiedztwa i przygotowywać się do szkoły. Gdy dzieci wkraczają w ten niepewny świat interakcji społecznych, bardzo ważnym okazuje się bycie lubianym i akceptacja przez kolegów z klasy oraz nauczyciela.

Co oznacza dla dziecka na tym etapie rozwoju uzyskanie akceptacji? Jedno dziecko może się nauczyć, że bycie cichym to sposób na zyskanie miłości. Inne może się nauczyć, że aprobatę zyska będąc mądrym, zabawnym, pomocnym lub dobrym w sporcie. Mała dziewczynka nauczy się być urocza i słodka, a chłopiec jak być silnym i męskim – swoje wzorce zaczerpną od otaczających ich ludzi, członków rodziny i z programów telewizyjnych.

Wszystko to jest w porządku, z wyjątkiem tego, że bardzo często niektóre aspekty charakteru dziecka ulegną stłumieniu. Dziecko może się bowiem nauczyć, że jego aspekt związany z potrzebami jest czymś, czego należy się wstydzić i na całe życie poskromi w sobie te potrzeby. Inne dziecko może zauważyć, że doświadcza odrzucenia, gdy jest hałaśliwe lub za dużo mówi, a zatem zacznie być cichutkie i zamknięte w sobie. Dziewczynka, która uzna, że wszak musi być śliczna, może przez całe życie czuć się niepewnie, gdy jednak nie będzie szczęśliwa z powodu swego wyglądu. Chłopiec może być przekonany, że musi zachowywać się niczym mały mężczyzna i zacznie tłumić w sobie emocje i smutek.

Gdy tracimy część siebie samych lub miłość kogoś dla nas ważnego, czujemy rozpacz. Żal jest właśnie negatywnym aspektem czakry serca. Jest ciężki i zalega w sercu niczym kamień, podczas gdy energia powietrza, żywiołu tej czakry, jest lekka i podnosi na duchu. Jednak jeśli przepracujemy nasz żal, być może wypłakując się, nasze serce przejaśni się jak niebo po burzy.

Aby uporać się z tym żalem, dorośli muszą pracować nad czakrą serca, poszukując utraconych części samych siebie i próbując wcielić je ponownie do swego serca. A oto krótkie ćwiczenie, które w tym pomoże:

Ćwiczenie: Odzyskiwanie utraconych części siebie

Ćwiczenie to składa się z serii introspektywnych pytań. Możesz je wykonywać wspólnie z przyjacielem albo terapeutą, a jeżeli nie jest to możliwe, to po prostu zapisuj odpowiedzi w notatniku. Podczas udzielania odpowiedzi, daj sobie czas, by naprawdę *poczuć* w sobie cały ten proces. Odpowiedzi na pytania wcale nie muszą być błyskotliwe, ważniejsze jest, jakie wewnętrzne reakcje owe pytania wyzwolą.

- ❖ Co najbardziej w sobie lubisz? (Rozpoczęcie od doceniania pozytywów jest zawsze pomocne). Co czujesz w ciele, gdy doceniasz w sobie ten aspekt?

- Co jest w tobie najtrudniejszego? Czego w sobie nie lubisz i czego się wstydzisz? Zwróć uwagę na to, co czuje twoje ciało i skup się na tym.
- Kiedy rozwinęła się w tobie ta cecha? W jakim wieku? Spójrz wstecz na swoje życie i spróbuj nazwać kilka z sił, pod których wpływem zacząłeś się tak zachowywać.
  - Przykłady:
  - Zawsze byłem jedynakiem i nagle pojawił się młodszy brat.
  - W bardzo młodym wieku stałem się odpowiedzialny za moją rodzinę.
  - Mój ojciec był osobą skłonną do przemocy, krzywdził mnie i bałem się go.
  - Moja rodzina często się przeprowadzała i ciągle musiałem zaczynać od nowa: zaczynałem nową szkołę i musiałem szukać sobie nowych przyjaciół.
  - Moja matka nie była osobą zbyt opiekuńczą i często złościła się na dzieci.
- Spójrz na cechę, której w sobie nie lubisz przez pryzmat tych czynników. Wyobraź sobie, że możesz przemówić do tej części siebie, mówiąc na przykład: „Teraz rozumiem, dlaczego tu jesteś i co próbujesz zrobić."
- Przebacz tej części siebie i podziękuj jej za próby zaopiekowania się z tobą.
- Gdy dokona się przebaczenie, zrób miejsce dla tej części siebie w swojej czakrze serca. Możesz wyobrazić sobie krzesło lub poduszkę, na której można usiąść. Możesz tę część siebie wizualizować jako trzyletnie lub pięcioletnie dziecko. Wyobraź sobie, że w twoim sercu znajduje się uświęcone miejsce właśnie dla tej małej osóbki.

- Zwróć uwagę na odczucia w swoim ciele. Spróbuj „zakotwiczyć" owe doznania poprzez uziemienie. Jeśli chcesz, wybierz teraz kolejną cechę, nad którą chcesz popracować.
- BONUS! Kiedy już przeprowadzisz ten proces na sobie, możesz też przeprowadzić go na innej osobie. Jeśli ktoś posiada cechę, którą trudno ci zaakceptować, możesz zapytać tę osobę, skąd się owa cecha wzięła. Kiedy już zrozumiesz jej historię, być może łatwiej będzie ci pogodzić się z tą cechą i przebaczyć tej osobie. Co dziwniejsze, dzięki przebaczeniu, cecha ta może stać się mniej widoczna!

Nadczynność i niedoczynność czwartej czakry

Trudno sobie wyobrazić, że można mieć w sercu zbyt wiele miłości, zatem w przypadku czakry serca niedoczynność i nadczynność brzmią dosyć podstępnie. Należy pamiętać, że oba stany są wynikiem tworzenia mechanizmów obronnych z powodu odniesionej kiedyś rany. Niedoczynność czakry to rezultat strategii uniku, a nadczynność to skutek kompensacji i robienia czegoś w nadmiarze.

W kwestii czakry serca reakcje niedoczynności są stosunkowo oczywiste. Tak było też w przypadku Charlesa. Przyprowadziła go do mnie jego żona, która narzekała, że mąż unika intymności i bliskości – a tego jej brakowało w tym związku. Zagłębienie się w historię Charlesa ujawniło, że był on introwertykiem. Przez większość życia unikał związków, woląc skupić się na pracy, która wymagała zarówno wielu wyrzeczeń jak i wysiłku intelektualnego. Sam siebie określał jako samotnika, który zawsze unikał sytuacji społecznych i nigdy się łatwo nie zaprzyjaźniał. Był po prostu nieśmiały i nigdy nie czuł się komfortowo w zawieraniu znajomości.

Charles bardzo mocno kochał swoją żonę, ale okazywanie bliskości i intymności nie leżały po prostu w jego naturze. Miał w sobie wiele współczucia, mimo że często ludzie z zamkniętą czakrą serca bywają krytyczni, bezlitośni i miewają „serca z kamienia". Dla Charlesa świat związków międzyludzkich był obszarem, w którym czuł się wręcz boleśnie niekomfortowo, lecz jednocześnie starał się, jak mógł. Zrozumiałym był zatem fakt, że wolał skupiać się na pracy, w której mógł pokazać wszystkie swe atuty i zyskać uznanie.

Jego żona Sandra wykazywała z kolei nadczynność czakry serca. Bała się zostać sama i na swoją tożsamość patrzyła przez pryzmat opinii innych ludzi. Często dawała z siebie zbyt wiele, mając w sobie ukryte pragnienie, by zyskać akceptację. Prowadziła aktywne życie towarzyskie, stale biegała na jakieś spotkania z przyjaciółmi. Pochłaniała ją też opieka nad dziećmi (czasami aż do przesady) i ciągle czuła się odrzucona z powodu kiepskich umiejętności interpersonalnych jej męża.

W związkach często wychodzą na jaw nasze przeciwieństwa – tak jak w przypadku Charlesa i Sandry. To w zasadzie doskonała kombinacja pozwalająca na zbliżenie się do partnera – w tym wypadku Charles powinien nauczyć się, jak nawiązywać intymne relacje, a Sandra – jak być bardziej samowystarczalną. Ponieważ ich charaktery znajdowały się na dwóch przeciwstawnych biegunach, wpadli w błędne koło. Im bardziej Sandra próbowała przykuć uwagę Charlesa, tym bardziej on poświęcał się swojej pracy. A im bardziej starał się Charles, tym bardziej Sandra starała się wynagrodzić sobie braki w życiu towarzyskim.

Pracowaliśmy wspólnie przez kilka miesięcy. Charles nauczył się używać języka emocji i lepiej szło mu wyrażanie uczuć, a Sandra nauczyła się interpretować jego zachowanie jako wzór, który wypracował w sobie przez lata, a nie jako odbicie jego uczuć względem niej.

Cechy nadczynności i niedoczynności czwartej czakry

Nadczynność	Niedoczynność	Równowaga
Potrzeba aprobaty i akceptacji	Krytycyzm, brak tolerancji	Empatia, pokojowe nastawienie
Silne przywiązanie do innych	Izolacja, wycofanie	Samoakceptacja
Staranie się, by zadowolić innych	Brak troski o innych	Troszczenie się o innych, współczucie
Słabo wyznaczone granice	Nadmiernie określone granice	Wielkoduszność
Współzależność	Lęk przed intymnością	Przebaczenie

Dalsza praca nad otwarciem serca

Miłość i współczucie to konieczność, a nie luksus.
Bez nich ludzkość nie przetrwa.

Dalajlama

Rodząc się, wszyscy pragniemy i potrzebujemy miłości, ale nie wiemy jeszcze, jak ją stworzyć. Musimy się tego nauczyć i być może uczą nas tego nasze doświadczenia. Może to być lekcja naszych czasów – przejście od społeczeństwa w znacznej mierze opartego o cechy trzeciej czakry do społeczeństwa zorganizowanego zgodnie z zasadami czwartej czakry.[6]

Sednem każdego związku jest zdolność do nawiązania relacji z drugą osobą poprzez połączenie wnętrza jednej osoby z wnę-

[6] Aby dowiedzieć się więcej o tej idei, zapoznaj się z książką Anodei Judith pt. *The Global Heart Awakens: Humanity's Rite of Passage from the Love of Power to the Power of Love*, Shift Books, San Rafael, CA, 2013.

trzem drugiej. To podstawa bliskości, która wymaga poznania najpierw siebie samego, a potem pokochania siebie wystarczająco mocno, by czuć się bezpiecznym, będąc jednocześnie wrażliwym. Kochając siebie, jesteś mniej zależny od tego, co sądzą na twój temat inni ludzie i masz możliwość być w pełni autentycznym i empatycznym.

Nie tylko praca z ciałem otwiera nasze serca, lecz również robią to działania dnia codziennego. Wielkoduszność, współczucie, troska i przebaczenie – wszystkie te cechy otwierają serce. Ich efektem jest radość, wyzwolenie i pokój.

- ❖ W jaki sposób możesz stać się bardziej wielkoduszny względem otaczających cię ludzi (lub nawet siebie samego)? Wielkoduszność ta może dotyczyć czasu, energii czy tolerancji, gdy zmienisz swój stanowisko względem innych.
- ❖ W jaki sposób możesz stać się bardziej współczujący względem innych (lub względem siebie samego)? Czy potrafisz wybaczać innym ich słabości, wiedząc, że sam masz swoje?
- ❖ W jaki sposób możesz stać się bardziej troskliwy?

Quesada Gardens w San Francisco

Nigdy nie wiadomo kiedy drobne, bezinteresowne działanie wpłynie na otaczający świat, powodując znaczące zmiany. W roku 2002 Jeffrey Betcher, biały homoseksualista, postanowił przeprowadzić się do zamieszkałej głównie przez czarnoskórych dzielnicy San Francisco słynącej z przestępczości i handlu narkotykami. Kiedy widział samochody ustawiające się w kolejce do dealerów narkotyków w miejscu, gdzie nikt nie czuł się bezpiecznie, sam zaczynał kwestionować swoją poczytalność.

Tereny przy drodze prowadzącej do jego domu były zaśmiecone starymi częściami samochodowymi, zepsutymi lodówkami i zużytymi strzykawkami. Lecz pewnego dnia po powrocie z pracy do domu zauważył, że jego sąsiedzi Annette Smith i Karl Paige zasadzili przed jego domem kilka roślin. W zamian Jeffrey postanowił również zasadzić kilka kwiatów.

Spowodowało to kaskadę niezwykłych wydarzeń. W ciągu roku cała okoliczna społeczność zamieniła chwasty i śmieci, które do tej pory stanowiły nieodłączny element krajobrazu, na drzewka owocowe, krzewy, warzywa i kwiaty. Sąsiedzi wyszli z domów, by wspólnie pracować, poznawać się i czerpać dumę, z miejsca, w którym żyją. Poziom przestępczości i zażywania narkotyków znacząco spadł, a w jego miejsce wyrosła prawdziwa, zżyta ze sobą społeczność.

W chwili gdy piszę te słowa inicjatywa zwana Quesada Garden Initiative ma sześć wspólnotowych ogrodów, dwa murale i sąsiedzką koalicję, która szerzy model ich funkcjonowania poza ich społecznością.

Ćwiczenie: Dawanie i otrzymywanie

Nigdy nie wiesz, jakie będą długofalowe skutki dawania czegoś od siebie, gdy nie oczekuje się niczego w zamian. A oto proste ćwiczenie pomagające zdać sobie sprawę, że radość bierze się ze służby względem innych i że możesz sprawdzić radość innym, pozwalając im służyć tobie.

- Wybierz kogoś, kogo znasz – może to być sąsiad, znajomy czy kolega z pracy – i pomyśl, co wyjątkowego mógłbyś dla niego zrobić. Pozwól, by kreatywność przejęła stery twojej wyobraźni – co miłego mógłbyś zrobić? Możesz mu upiec babeczki, skosić trawnik lub zaproponować, że zabierzesz jego dzieci do kina. Jeśli to twój współpracownik, możesz zostawić mu na biurku bukiet kwiatów z bilecikiem, zabrać na lunch albo kupić drobny prezent. Gdy stoisz w sklepie, czekając aż sprzedawczyni zapakuje twoje zakupy, możesz skomplementować jej uśmiech lub ubiór albo pochwalić za pracę, którą wykonuje. A jeśli akurat dokonujesz opłaty za przejazd autostradą, zapłać też za auto stojące w kolejce za tobą. Wszystko to rób, nie oczekując niczego w zamian, a jeśli chcesz naprawdę podnieść stawkę, rób to wszystko anonimowo.

- Zwróć uwagę, jak się czujesz, wyobrażając sobie lub obserwując jak dana osoba odkrywa swój prezent. Wyobraź sobie, że chce taki sam gest „podać dalej", co oznacza, że zainspirowało ją to do zrobienia czegoś podobnego innej osobie, zamiast odwdzięczać się bezpośrednio tobie.
- Następnie wyobraź sobie, że ktoś robi coś dla ciebie. Może potrzebujesz porady przy realizacji projektu, może potrzebujesz pomocy w opiece nad dziećmi lub współpracy sąsiedzkiej przy zasadzeniu roślin w waszej okolicy. Naucz się prosić o pomoc i zwróć uwagę, jakie to uczucie ją otrzymywać. Obdarzasz innych, kiedy pozwalasz im obdarzać ciebie.

CO NALEŻY ZAPAMIĘTAĆ

- Czakra serca stanowi centrum systemu czakr i reprezentuje równowagę i integrację różnych biegunów – tego co powyżej i tego co poniżej, umysłu i ciała, nieba i ziemi, aspektu męskiego i kobiecego.

❖ Żywiołem czakry serca jest powietrze i można do niej dotrzeć dzięki oddechowi.
❖ Otwarcie klatki piersiowej tworzy więcej miejsca dla oddechu, który z kolei generuje pewną przestrzenność w ciele.
❖ Dziecko wkracza w etap czakry serca, kiedy opanuje kontrolę nad swoimi impulsami i zacznie nawiązywać relacje społeczne.
❖ Rozwijamy w sobie tożsamość społeczną, która została stworzona tak, by czerpać od innych akceptację i aprobatę. Zaakceptowanie samych siebie przełamuje bariery odgradzające nas od innych ludzi i pozwala nam być w pełni autentycznymi i wrażliwymi.
❖ Możemy otworzyć swoje serce dzięki bezinteresownym działaniom oraz wspaniałomyślności, współczuciu i przebaczeniu.
❖ Rezultatem otwartego serca jest radość i połączenie świata wewnętrznego oraz zewnętrznego.

Czakra piąta

Dźwięk

Czakra piąta

Dźwięk

Jeśli chcesz odkryć tajemnice wszechświata,
myśl w kategoriach energii, częstotliwości i wibracji.
Nikola Tesla

Lokalizacja:	Szyja, ramiona, szczęka
Nazwa i znaczenie:	Visuddha, oczyszczenie
Cele:	Komunikacja, harmonia
Żywioł:	Dźwięk, eter
Zasada:	Prawda, klarowność, harmonia
Wiek rozwoju:	7–12 lat
Tożsamość:	Tożsamość twórcza
Zorientowanie:	Autoekspresja
Negatywna domena:	Kłamstwa
Prawo:	Mówić i być słyszanym
Dźwięk:	*Ham*
Kolor:	Jasnoniebieski
Forma zrównoważona:	Prawdomówność, kreatywność, ekspresja

Świat wibracji

Witaj w eterycznym świecie czakry gardła! Tutaj nadajemy na jednej na fali z żywiołem dźwięku niesionym przez powietrze wraz z naszym oddechem. Nasze usta, którymi kierują myśli i nasza wola, nadają oddechowi kształt, formując z niego słowa. Ale istnieją także niezwykle subtelne wibracje przepływające przez nasze ciało i w zasadzie przez całe nasze życie, komunikujące się z każdą z naszych komórek ciała. Czakra piąta zaprasza nas do niezwykłego świata, w którym możemy być świadkami wibracji i wsłuchać się głęboko w rytmy i dźwięki, które wyrażają wszystko, co dzieje się zarówno wewnątrz nas jak i wokół.

Z pierwotnego „Om" w sercu stworzenia, wibracja rozpościera się na całą naszą egzystencję. Naukowcy twierdzą, że wszystko jest wibracją – aż po najmniejsze cząstki subatomowe tworzące nasze komórki. Prawdę mówiąc, szybkie wibracje są tym, co sprawia, że nasz świat wydaje się być trwały i solidny, mimo że tak naprawdę w większości wypełnia go pusta przestrzeń.

Kiedy świadomość odbiera impulsy wibracji, pojawia się komunikacja. Nasze ciało to instrument, który stale wibruje z tym, z czym się zetknie, kształtując nasz świat. Nasz wyjątkowy głos, głoszący prawdę serca, łączy się z ogromną symfonią stworzenia.

Owe wibracje emanują z nas do przestrzeni wokół, mieszają się z polami wibracji innych ludzi i polem wibracji naszego otoczenia. Stają się częścią pola aurycznego, subtelnego pola energii, które otacza nasze ciało. Czy wiesz, że pole to stale wibruje, a jego melodię stanowi całkowita suma wszystkich twoich wibracji? Nieświadomie doświadczamy tego, kiedy kogoś spotykamy. Mówimy nawet: „Naprawdę nadaję z nim na jednej fali" albo: „Nie podobają mi się jego wibracje."

Gdy czujemy, że nadajemy z kimś na tej samej fali, nie chcemy zrywać tego połączenia. Z kolei tam, gdzie czujemy dysharmonię, pragniemy jak najszybciej się od niej uwolnić. Hałas otoczenia, szum ruchu ulicznego, dzwoniące telefony, pokrzykujący ludzie czy nawet huk samolotu, wszystkie te dźwięki są uciążliwe dla naszego ciała. Powodem, dla którego do snu i odpoczynku potrzebujemy ciszy, jest fakt, że dopiero wówczas wracamy do własnego wewnętrznego rezonansu. Ma to miejsce jedynie wtedy, gdy nie bombardują nas zewnętrzne hałasy.

Celem piątej czakry jest odnalezienie w sobie tego wewnętrznego rezonansu pośród innych subtelnych wibracji wewnętrznych, dzięki czemu możemy żyć w harmonii z innymi, mówić i dzielić się wiedzą.

Znaczenie symbolu piątej czakry

Symbol piątej czakry to kwiat lotosu o szesnastu płatkach, w którym znajduje się trójkąt skierowany wierzchołkiem ku dołowi – jest to *Trikuna* bogini Shakti, która wnosi się ku duchowi. Szesnaście płatków reprezentuje 16 samogłosek alfabetu w sanskrycie. (Pozostałe znaki alfabetu znajdują się w innych symbolach czakr z wyjątkiem czakry korony.) Mówi się, że samogłoski stanowią ekspresję ducha, z kolei spółgłoski są formą ducha, która tkwi w materii. Zatem czakra gardła stanowi punkt wejścia dla czystego ducha. Tak jak szyja łączy głowę z ciałem, tak świat dźwięków wciela ducha w materię.

Zwierzęciem znajdującym w symbolu jest słoń Airavata, czasem przedstawiany z siedmioma trąbami, po jednej na każdą czakrę.

Dźwiękiem czakry jest *Ham*. O dźwiękach powiemy sobie więcej w późniejszych częściach tego rozdziału.

Oczyszczająca natura dźwięku

Trzech rzeczy nie da się długo ukrywać: słońca, księżyca i prawdy.

Budda

Żywiołem piątej czakry jest dźwięk, a czakra ta odpowiada za komunikację, słuchanie, naukę, kreatywność i autoekspresję. Kiedy się komunikujemy, sprawiamy, że nasz oddech wibruje, zamieniając się w słowa, które mają określone znaczenie, łącząc przy tym naszą wewnętrzną świadomość ze świadomością innej osoby poprzez przekazywanie sobie informacji. Komunikacja pozwala na nawiązanie połączenia i sprawia, że świadomość może wykroczyć poza swe granice i możemy się nią dzielić z innymi.

Wibracje dźwięku wywierają subtelny wpływ na materię i dogłębny wpływ na ducha. Evelyn Glennie niesłysząca perkusistka z Wielkiej Brytanii, która komponuje utwory i dyryguje symfoniami, twierdzi, że „słyszy" dźwięki czując w ciele ich wibracje. Często grywa z orkiestrą, będąc boso, by móc czuć wibracje rozchodzące się w ziemi. Nagrała kilka albumów, a słuchanie jej na koncertach jest niebywale inspirujące! Evelyn nawet śpiewa!

Nazwa czakry serca, czyli Visuddha oznacza „oczyszczenie". Spójny dźwięk, który jest harmonijny i dźwięczny, ma oczyszczający wpływ na materię. Metalowy, płaski dysk z umieszczonymi na nim kryształkami soli zaczyna pod wpływem takiego dźwięku wibrować, a kryształki soli układają się wówczas w kształt przypominający mandalę. Gdy dźwięk się zmienia, zmienia się także kształt mandali, ale o ile dźwięk jest czysty, kształt, który tworzy sól jest zawsze scentrowany i uporządkowany. Tak więc dźwięk wpływa również na nasze ciała, a najnowsze badania naukowe badają potencjał fal dźwiękowych w leczeniu chorób i przywracaniu zdrowia.

Podobnie też oczyszczający efekt ma mówienie prawdy, choć na pierwszy rzut oka może się to wydawać nieco problematyczne. Prawda posiada pole, z którym wszyscy harmonizujemy – jest to coś, co wręcz możemy namacalnie wyczuć. Nawet gdy prawda jest trudna, to na dłuższą metę jest wyzwalająca. Dzięki wyzwalającemu strumieniowi, który płynie w górę czakr, prawda nas oswobadza.

Ludzie lubią taką komunikację, z którą czują się zharmonizowani. To właśnie dlatego tłumy gromadzą się, by słuchać mówców, którzy rozprawiają o tym, w co ludzie wierzą, dlatego po pełnych pasji przemowach polityków powstają całe ruchy społeczne i dlatego publiczność wznosi radosne okrzyki, gdy zespół na scenie gra klasyczny przebój, który wszyscy doskonale znają. Współbrzmienie wnosi harmonię do wszystkich naszych subtelnych wibracji i pomaga nam poczuć się w pełni kompletnymi.

I wreszcie, istnieje także idea oczyszczania przez czakrę gardła, która mówi, że musimy się oczyścić, by móc dostąpić transcendentalnych światów wyższych czakr. Gdy energia przesuwa się poprzez czakry od tych najbardziej prymitywnych do subtelnych, nasze wibracje w każdej czakrze ulegają udoskonaleniu i wysubtelnieniu. Czakra serca – umiejscowiona w najwęższym miejscu ciała w wzdłuż kręgosłupa – sprawia, że wibracje stają się coraz delikatniejsze i subtelniejsze, przygotowując umysł na spokój, który wiedzie nas ku pozbawionej dwoistości świadomości szóstej i siódmej czakry. Więcej na ten temat powiemy sobie później.

Strojenie instrumentu

Każda prawda jest łatwa do zrozumienia,
gdy już zostanie odkryta; chodzi o to, by ją odkryć.

Galileusz

Książkę tę rozpoczęliśmy prostym ćwiczeniem, które pomaga zharmonizować wszystkie czakry. Pamiętaj, że możesz myśleć o nich jak o klejnotach na świetlistej strunie energii przebiegającej pomiędzy niebem a ziemią – to wewnętrzna struna, centrum twojej duszy. Kiedy rozciągasz tę jaśniejącą strunę, dostrajasz ją, zupełnie tak jakbyś stroił strunę gitary, rozciągając ją pomiędzy dwoma punktami. Kiedy dopasowane zostanie odpowiednie napięcie, wówczas wydobywa się z niej piękny dźwięk. Jeśli struna jest zbyt luźna lub zbyt sztywna, nie będzie wibrować z prawdziwą, własną częstotliwością, a dźwięk będzie ostry i płaski.

Życie z pewnością nieraz zagra na tej strunie. A kiedy to zrobi, na skutek tego impulsu struna zacznie wibrować. W naturalnych warunkach taka wibracja trwa, aż wyczerpie się siła impulsu – zazwyczaj kilka chwil. Jeśli struna zostanie szarpnięta mocniej, dźwięk będzie głośniejszy, a wibracja potrwa dłużej. Jeśli zostanie tknięta delikatnie, dźwięk będzie ledwo zauważalny, a wibracja potrwa zaledwie kilka sekund.

Kiedy życie „szarpnie naszą strunę" czymkolwiek, co w jakiś sposób oddziałuje na naszą duszę, naturalnie chcemy o tym rozmawiać, wypłakać się, śpiewać o tym albo napisać wiersz. Kiedy ktoś wpada na nas na ulicy, zderzając się, mówmy „Och!" Kiedy wpłynie na nas jakaś sytuacja w pracy, chcemy wieczorem „spuścić trochę pary" i być może porozmawiać o tym z przyjacielem, mówiąc: „Nigdy nie zgadniesz, co mi się dziś przydarzyło!" albo wyładować się bardziej biernie – gawędząc, oglądając telewizję lub czytając książkę.

Niedawno kiedy akurat byłam w podróży, usłyszałam, że pewien obszar Kalifornii nieopodal miejsca, gdzie mieszkam, trawią pożary lasów. Do rejonów objętych klęską należał też obszar Harbin Hot Springs, duchowe centrum całej zatoki Bay Area oraz miejsca, które od lat często odwiedzałam. Czułam się totalnie zdruzgotana i potrzebowałam porozmawiać o tym z kimś, kto by mnie wysłuchał, chociaż byłam daleko od domu i w pobliżu nie było nikogo, kto by pochodził z moich stron. Ale sama możliwość porozmawiania o tym pomogła mi uporać się ze smutkiem i poczuciem straty.

Akt ekspresji po wydarzeniu, które na nas silnie wpłynęło, jest zjawiskiem całkowicie naturalnym. Taki akt przywraca nam stan równowagi. Jednakże nie zawsze możliwe jest takie wyrażenie swojej prawdy. Czasami nie mamy nikogo, z kim możemy porozmawiać. Czasami, często ma to miejsce w przypadku dzieci, nie wierzymy, że ktokolwiek nam uwierzy albo że nas wysłucha. Ktoś może nas przecież wyśmiać z powodu tego, co mówimy. Jeśli jesteśmy w pracy, dzielenie się emocjami może być niestosowne. Wówczas zamykamy się z tą wewnętrzną wibracją, która pragnie się z nas wydostać.

Całe nasze ciało to instrument, na którym nieustannie gra Boskość. Blokowanie jego naturalnych wibracji tłumi w nas życie i blokuje czakrę serca. Kiedy nie możemy wyrażać swej prawdy, wibracja gromadzi się w naszym ciele i z czasem ciało może stać się „gęste", sztywne, można by rzec „zamrożone." Sztywna tkanka ma trudności z wibracją, a my tracimy wówczas harmonię z własną jaźnią. Wraz z upływem czasu naturalny dźwięk naszych subtelnych wibracji popada w dysharmonię, na skutek czego mogą pojawić się choroby.

Powstrzymanie ekspresji ważnego wibracyjnego czynnika wymaga znacznego wysiłku. To zupełnie tak jakbyśmy postawili wartownika u ujścia czakry gardła, by strzegł tego, co wewnątrz przed wydostaniem się na zewnątrz. Niestety, ów wartownik nie jest zbyt bystry. Nie potrafi rozróżnić, co może być poddane ekspresji a co nie. Sprawdza wszystko, co próbuje się wydostać, nawet kreatywność, naturalną autoekspresję i siłę naszego głosu. Przypomina to kontrolę bezpieczeństwa na lotnisku, która wszystko spowalnia i sprawia, że trudniej jest się komunikować. Pozbawia nas współbrzmienia ze światem wokół nas.

Negatywną domeną czakry gardła są kłamstwa – czyli przeciwieństwo prawdy. Za każdym razem, gdy choćby lekko mijasz się z prawdą, tworzysz małe kłamstwo. Pamiętaj, że za pomocą słów możemy okłamywać innych, ale możemy też okłamywać samych siebie, możemy także kłamać za pomocą naszych czynów, mowy ciała lub wyrazu twarzy. Być może jako dzieci padliśmy ofiarą kłamstw lub byliśmy częścią rodziny, która żyła w kłamstwie. Demon kłamstwa może przybierać wiele form, ale antidotum zawsze stanowi to samo, to co otwiera czakrę serca: mówienie prawdy, słuchanie innych, gdy opowiadają swoją prawdę i życie w harmonii z głębszymi prawdami. Wzmocni to twoją kreatywność i pozwoli być bardziej obecnym podczas rozmów z innymi.

Ćwiczenie: Znajdź swoją melodię mocy

Jeśli masz okazję podpatrzeć czasem dzieci, które swobodnie się bawią, zauważysz, że uwielbiają być stale w ruchu i jednocześnie robić trochę hałasu. Mogą na przykład przeskakiwać z jednej nogi na drugą i sobie przy tym podśpiewywać lub powtarzać ciągle jakąś frazę niczym piosenkę. Gdy przyjrzeć się temu bliżej, możemy zauważyć, że jest w tym pewien rytm oraz że ciało i dźwięk są idealnie skoordynowane. W tym ćwiczeniu chodzi o to, byś otworzył się na tę swawolną wolność, by odnaleźć w sobie własną melodię mocy.

- Znajdź miejsce, w którym będziesz mógł się swobodnie poruszać i hałasować i nie będziesz się przy tym czuł głupio. Wystarczy salon w twoim mieszkaniu, o ile jest wystarczająco duży, by po nim spacerować. Możesz też wybrać jakieś miejsce w lesie lub na plaży, gdzie po prostu możesz być sam. (Ewentualnie możesz wykonać to ćwiczenie z innymi, więc nikt z was nie będzie czuł się głupio.)
- Zacznij spacerować, pozwalając przy tym, by z twoich ust wydobywały się dźwięki odzwierciedlające rytm twoich kroków. Mogą to być dowolne dźwięki: rytmiczne mruczenie, nucenie, nonsensowne słowa, a nawet całe frazy, o ile jakiekolwiek przyjdą ci do głowy: „tu-tu-ru-tu, tu-tu-ru-tu" lub „pam-pam-para-ram". Oczywiście to tylko przykłady, musisz znaleźć własne słowa.
- Kiedy się rozluźnisz i odnajdziesz swój rytm, zacznij spacerować w bardziej przemyślany sposób i z większą energią. Poczuj w nogach energię i stawiaj rozważnie każdy krok, jednocześnie nadal poruszając się rytmicznie. Poczuj moc płynącą przez twoje ciało.
- Kiedy twój chód stanie się wyrażeniem twojej mocy, pozwól, by dźwięki odzwierciedlały tę moc. Mogą się różnić od tych, które wybrałeś na

początku. Niech to nastąpi naturalnie, bez angażowania umysłu i mentalnego wysiłku. Niech to będzie całkowicie spontaniczne.

❖ Nadal spaceruj z mocą, aż dźwięk stanie się donośny i powtarzalny: oto twoja melodia mocy. Postaraj się, by było to coś prostego, co w razie potrzeby możesz sobie łatwo przypomnieć i powtarzać.

❖ Gdy odnajdziesz swoją melodię mocy, zwolnij chód, lecz nie przestawaj nucić – zwróć uwagę, jak się czuje twoja trzecia czakra oraz czakra serca.

❖ Zapamiętaj stworzony dźwięk. Możesz go sobie nawet zapisać. Następnym razem gdy będziesz potrzebował dodatkowej mocy, powtórz w myślach swoją melodię mocy albo jeszcze lepiej: wyjdź na spacer i zanuć ją!

Mantry

Słowo mantra oznacza „narzędzie dla umysłu". Mantry to powtarzane w koło często abstrakcyjne dźwięki. Pod tym względem przypominają nieco melodyjki reklamowe, a wszyscy dobrze wiemy, jak to jest, gdy taka melodyjka utknie nam w głowie. Większość z nas uznaje to za dość irytujące. Reklamodawcy dobrze wiedzą, jak zaszczepić pewne myśli w naszych mózgach, tak byśmy zapamiętali ich produkt.

Mantry często stosowane są, by wpisać określony dźwięk w nasze fale mózgowe i świadomość. Stanowią narzędzia do stabilizacji umysłu przed medytacją. Skupiając się na pojedynczym dźwięku, który ma niewielkie znaczenie lub nie ma go wcale, umysł zatrzymuje toczącą się w nim chaotyczną gonitwę myśli i koncentruje się na tym jednym punkcie.

Mantry generują również subtelną wibrację, która budzi nas podobnie jak dźwięk budzika wyrywa nas ze snu. Są to delikatne wibracje stworzone, by rozbudzać w nas czakry lub wewnętrzne aspekty boskie.

W starożytnych tekstach dotyczących czakr w symbolu każdej czakry znajdziemy symbol zapisany w sanskrycie. Symbole te reprezentują dźwięki, które budzą energię lub żywioł danej czakry i bywają określane terminem *bija mantra*. (W skrócie wspominaliśmy o tych dźwiękach przy opisie symbolu każdej z czakr.)

Dźwięki wszystkich czakr zostały wymienione poniżej. Znajdziesz tam również ćwiczenia opisujące, jak z nimi pracować. Jednak czakra gardła to czakra kreatywności, zatem pozwól sobie na eksperymenty i znajdź swój własny sposób. Możesz nawet odkryć, że na *twoje* czakry oddziałują całkiem inne dźwięki – wszyscy wszak żyjemy w różnych ciałach i każdy z nas jest innym instrumentem!

- Czakra pierwsza: *Lam*
- Czakra druga: *Vam*
- Czakra trzecia: *Ram*
- Czakra czwarta: *Yam*
- Czakra piąta: *Ham*
- Czakra szósta: *Om*
- Czakra siódma: *Cisza*

Praca z mantrami

A teraz przyjrzyjmy się nieco bardziej szczegółowo, jak użyć tych dźwięków, by aktywować twoje czakry. Istnieje kilka sposobów:

- Możesz stosować jednocześnie jeden dźwięk, cicho wymawiając mantrę danej czakry, będąc w stanie medytacji, aby w ten sposób nawiązać głębszy kontakt z tą częścią siebie samego.
- Możesz inkantować dźwięk na głos lub nucić go z innymi, co może mieć jeszcze lepszy efekt.
- Możesz rytmicznie powtarzać wszystkie sześć dźwięków, jeden po drugim, w ciszy lub na głos.
- Możesz użyć tych dźwięków, by przesyłać uzdrawiającą energię do różnych części ciała.
- Możesz z tych dźwięków układać wzory np. pracując nad dwoma lub trzema czakrami w tym samym czasie i przesyłając energię z jednej czakry do drugiej.

Ćwiczenie: Intonowanie mantr

- Usiądź w siadzie skrzyżnym i otwórz swoje gardło na wydawanie dźwięków. Zacznij wydawać dowolne dźwięki, wszelkie jakie przyjdą ci do głowy: tony niskie i wysokie, słowa i mruczenie.
- A teraz zacznij intonować mantrę czakry pierwszej, czyli *Lam*. Zacznij od pierwszej spółgłoski i dźwięku, jaki wydaje: *la*. Zwróć uwagę, co dzieje się z twoim ciałem, gdy wymawiasz to na głos. Potem dodaj resztę słowa i powtarzaj *Lam* przez przynajmniej minutę. (Będzie to trwało dłużej niż myślisz!) Zamknij wówczas oczy i wyobraź sobie czakrę korzenia u podstawy kręgosłupa, która prze w stronę ziemi.
- Następnie przenieś swą uwagę na czakrę drugą. Pobaw się brzmieniem dźwięku *wa* i poczuj, jak oddziałuje na twoje ciało. A teraz dodaj pozostałą część dźwięku i przez minutę powtarzaj *Vam*.

- Teraz skieruj uwagę ku trzeciej czakrze i skup się na *r* w dźwięku *Ram*. Dodaj całość słowa i powtarzaj tak samo jak w przypadku poprzednich czakr. Zwróć uwagę na efekty.
- Przenieś uwagę do czwartej czakry i popracuj nad dźwiękiem *j*. Przez minutę powtarzaj cały dźwięk *Yam*, wyobrażając sobie, jak twoja czwarta czakra pulsuje wraz z dźwiękiem.
- Skup teraz uwagę na czakrze piątej. Pobaw się dźwiękiem *h*, sprawdź, jak czuje się twoje gardło, gdy wymawiasz ten dźwięk. Następnie dodaj całe słowo *Ham* i powtarzaj je przez minutę.
- Następnie przenieś się do czakry szóstej, umieszczonej pośrodku głowy, na poziomie brwi. Wyobraź sobie, że kiedy powoli intonujesz dźwięk *Om*, do czakry tej napływa delikatne światło. Pozwól, by dźwięk w pełni się rozwinął i zabrzmiał a-oo-mm. Powtarzaj go przez minutę.
- Teraz gdy dotarłeś do dźwięku szóstej czakry, usiądź w ciszy i skup się na swojej czakrze korony. Nie wydawaj żadnych dźwięków, po prostu wsłuchaj się w swoje ciało i zwróć uwagę na efekty, jakie przyniosło to ćwiczenie.

Okres rozwojowy piątej czakry

Dziesięcioletniemu Kenny'emu nie zamykała się buzia, wprost nie potrafił przestać mówić. Od chwili, gdy wracał do domu ze szkoły aż do położenia się spać, ciągle chciał dzielić się przeżyciami całego dnia, opowiadając o wszystkim ze szczegółami – czego się dziś nauczył, co powiedział nauczyciel, co zrobił każdy z jego kolegów. Jego rodzice zwykle pozwalali mu się wygadać, okazjonalnie kiwając głowami lub pomrukując „mhm", ale nie angażowali się w konwersację i nie zadawali mu żadnych pytań. Kenny pragnął nawiązać z nimi łączność poprzez komunikowanie się, a jego nieustanne mówienie było sposobem nie na przykucie uwagi rodziców, ale na komunikację między nimi, która pozwoliłaby mu zorientować się w oczekiwaniach rodziców. Kiedy taka komunikacja zachodzi, dziecko uspokaja się i często staje się po prostu bardziej wyciszone. Bez tego mogą po prostu paplać do siebie bez końca, nawet się wzajemnie nie słuchając.

Kiedy dziecko poznaje zasady socjalizacji i czuje się akceptowane przez rówieśników, wkracza w etap komunikacji piątej czakry, etap intensywnej nauki i poszerzania horyzontów. Naturalnym jest, że dzieci pragną wyrażać siebie, ponieważ pomaga im to przetwarzać wszystko, czego się uczą. Idealnie byłoby, gdyby szkoła i rodzina wspierały w nich tę naturalną ciekawość i dobrą komunikację, które pomagają dzieciom zrozumieć otaczający je świat i odkryć prawdę o sobie samym. Wiele takich odkryć zachodzi dzięki komunikacji: „Co teraz czujesz?", „Co to dla ciebie oznacza?", „Co o tym sądzisz?". Zadawanie pytań może skierować świadomość ku temu, co wewnątrz i pomóc świadomości nauczyć się ekspresji. Oczywiście bardzo ważne jest również, by słuchać dzieci, rozumieć je i interesować się tym, co mówią, a także, by spojrzeć czasem na świat z ich perspektywy.

Niestety wiele rodzin i systemów szkolnictwa ponosi klęskę – nie próbują nawet dotrzeć do dzieci w ten sposób. Stare powiedzenie, że dzieci nie powinno być słychać ani widać, ukazuje, że dorosłych nie zawsze interesuje to, co dzieje się w dziecięcym wnętrzu. Bywa, że dzieci spędzają wczesne lata swego dzieciństwa będąc zachęcanymi do aktywności i wyrażania siebie, lecz gdy wkraczają w okres rozwoju czakry gardła, nakazuje się im grzecznie siedzieć i nie odzywać!

Konieczność zachowywania się cicho i nieruchomego siedzenia w szkolnej ławce w wieku, gdy powinniśmy hałasować i bawić się w ogrodzie, sprawia, że blokują się nasze naturalne impulsy umożliwiające nam ekspresję nas samych i gromadzi się w nas energia. Poniekąd ma to również swoje dobre strony, w przeciwnym razie bylibyśmy dorosłymi, którzy stale mówią wszystko, co tylko przyjdzie im w danym momencie do głowy. Jednak w większości przypadków proces ten zachodzi zbyt daleko i uczymy się po prostu blokować piątą czakrę.

Ponieważ ten etap rozwoju jest również etapem bardzo intensywnego uczenia się otaczającego nas świata – poprzez dyskusję i zadawanie pytań, książki, filmy, internet i zajęcia szkolne – zablokowanie piątej czakry może powodować trudności w nauce lub po prostu stłumić w nas naturalną ciekawość świata, która sprawia, że mamy otwarte umysły.

Ćwiczenie: Komunikacja w rodzinie

A oto kilka pytań. Daj sobie czas, by odkryć zawartą w nich prawdę, a następnie zanotuj je w notatniku. Dodatkowo przedyskutuj te kwestie z rodzeństwem lub jakimś członkiem rodziny i porównajcie swoje zapiski dotyczące waszego rodzinnego środowiska w czasach dzieciństwa.

❖ Jak wyglądała komunikacja w twojej rodzinie? Czy były to wrzaski i krzyki? Cisza i wycofanie? Czy różne sprawy były wspólnie omawiane i poszukiwano rozwiązań problemów czy też trudne kwestie były zamiatane pod dywan?

- Czy ktokolwiek pytał cię o twoje uczucia i problemy i próbował pomóc ci zrozumieć jak się z nimi uporać?
- Czy czułeś się bezpiecznie, wyrażając swoje zdanie, mówiąc swoją prawdę?
- Czy wysłuchiwano cię, gdy chciałeś coś powiedzieć?
- Gdybyś mógł wtedy wyrazić swoją najgłębszą prawdę, to co byś powiedział i komu? Co chciałbyś usłyszeć w zamian?

Tożsamość twórcza

Kreatywność to pozwalanie sobie na popełnianie błędów.
Sztuką jest wiedzieć, które z nich warto podtrzymać.
Scott Adams

Kenny rozwija teraz swoją *tożsamość twórczą*, która zorientowana jest na *autoekspresję*. Jeśli powiódł się rozwój jego niższych czakr, będzie miał poczucie bezpieczeństwa (czakra pierwsza), przywiązanie do swoich emocji (czakra druga), autonomię i pewność siebie (czakra trzecia) oraz samoakceptację, dzięki temu, że jest kochany za to, kim jest (czakra czwarta). Dzięki solidnemu wsparciu tych czakr, będzie się czuł swobodnie, wyrażając siebie, zadając pytania i oczekując odpowiedzi, poznając sztukę i odważając się żyć kreatywnie.

W wieku dorosłym nasza tożsamość twórcza może się różnie przejawiać – możemy dać jej wyraz, zostając artystami, muzykami, uzdrowicielami, kucharzami, nauczycielami czy prawnikami. To sposób w jaki identyfikujemy nasz twórczy wkład w naszą osobistą formę.

Jakimi środkami najlepiej wyrażasz siebie? W jaki sposób najlepiej się uczysz? Spośród wszystkich rodzajów ekspresji poprzez sztukę, który z nich przemawia do ciebie najbardziej? Czy lubisz tańczyć, chodzić do galerii czy słuchać muzyki? Możesz też stwierdzić, że dobrze się czujesz, słuchając muzyki, ale najlepiej wyrażasz siebie poprzez gotowanie, konstruowanie różnych rzeczy lub opiekę rodzicielską. Sposoby w jakie słuchamy i mówimy mogą się od siebie znacznie różnić, ale oba pozostają częścią naszej tożsamości twórczej.

Nadczynność i niedoczynność piątej czakry

Mądrzy ludzie mówią, bo mają coś do powiedzenia.
Głupcy, bo muszą coś powiedzieć.

Platon

Jeśli chodzi o komunikację, to jej nadmiar albo niedobór jest zwykle dość oczywisty – przynajmniej dla większości z nas. Wszyscy znamy ludzi, którzy za dużo mówią. Ciągle gadają i zasypują nas gradem nieistotnych szczegółów. Starają się zaabsorbować innych ludzi tym, co mówią, choć często wywołują tym skutek odwrotny do zamierzonego. Jest to przykład nadczynności czakry gardła. (Gdyby istniał analogiczny jak w AA dwunastostopniowy program leczniczy, mógłby się nazywać „Anonimowi Gadatliwi!")

Na pewno znamy także ludzi, którzy odzywają się raczej rzadko, a kiedy już mówią, ich głos jest tak cichutki, że ledwo ich słychać. Często spotykam się z tym na moich warsztatach. Tacy ludzie często zajmują miejsca w pierwszym rzędzie, a kiedy zaczynają coś mówić, sama mam problem z usłyszeniem ich, a co dopiero pozostali uczestnicy warsztatów, siedzący dalej. Kiedyś poprosiłam pewną osobę, by mówiła głośniej, tak by i inni mogli ją usłyszeć, a ona natychmiast odparła, że woli zatem nie mówić nic! To dopiero przykład niedoczynności czakry gardła.

Pytanie brzmi: *dlaczego* mówimy za dużo lub zbyt mało?

Małomówność może być ciągnącym się całe życie skutkiem bycia niesłuchanym, bycia wyśmiewanym lub wiarą, że nie poradzimy sobie z „ładunkiem", jaki niesie ze sobą komunikacja, bez względu czy ładunek ten dotyczy nas czy innej osoby. Czasami ładunek w naszym ciele jest tak intensywny, że czujemy, że domaga się natychmiastowej ekspresji i pragnie wydostać się z nas za wszelką cenę. Ponieważ większości ludzi wydaje się to przerażające, to jeszcze bardziej zamykają swoją czakrę gardła. Jeśli kiedykolwiek doświadczyłeś „guli w gardle", gdy tylko zacząłeś mówić, a towarzyszyło temu przyspieszone bicie serca i pocenie się dłoni, to wiesz, o czym mówię. Chociaż istnieje głębokie pragnienie ekspresji, to i tak rezultatem jest jeszcze większa blokada.

Aby się od tego uwolnić, dobrze jest wybrać się w miejsce, gdzie można swobodnie wydawać wszelkie dźwięki, tyle ile tylko zdołasz: głośne i ciche, wyrażające złość, smutek i szczęście. Im więcej dźwięków z siebie wydasz, tym mniejsze ciśnienie będziesz czuł w gardle i łatwiej będzie ci wypowiadać słowa, które chciałbyś rzec.

Wspominaliśmy już, że mamy naturalną tendencję do ekspresji wszystkiego, co na nas oddziałuje. Energia, która wnika do ciała, jest wydzielana poprzez kilka kanałów: stopy, ramiona, usta i genitalia. Jeśli którykolwiek z kanałów zostanie zablokowany, usta mogą przejąć jego rolę, co doprowadzi do nadczynności piątej czakry. Nadmierna gadatliwość jest sposobem rozładowania energii, której nie możemy rozładować w inny sposób. Do pewnego stopnia może to być nawet skuteczne, ale nie rozwiązuje tak naprawdę problemu. W rezultacie owa potrzeba rozładowania energii stale się powtarza i w ten sposób staje się nawykiem.

Cechy nadczynności i niedoczynności piątej czakry

Nadczynność	Niedoczynność	Równowaga
Nadmierna gadatliwość	Lęk przed mówieniem	Jasne, zwięzłe wypowiedzi
Mówienie zbyt głośno	Mówienie drżącym, słabiutkim głosem	Mówienie donośnym, pełnym głosem
Jąkanie się	Problemy z ubraniem uczuć w słowa	Poznanie własnej prawdy
Plotki	Tajemniczość, utrzymywanie sekretów	Bycie dobrym słuchaczem
Trudności w zapanowaniu nad sobą	Nadmierne zamknięcie się w sobie	Pozostawanie w harmonii z samym sobą i innymi

Wyrażanie siebie

Czy prowadzisz czasem w swojej głowie rozmowy np. jako próbna konwersacja przed czymś, co nadejdzie lub sposób na mówienie do siebie? Nie, nie jesteś szalony ani nie słyszysz głosów. To naturalny proces, który ma miejsce w umyśle każdego z nas. Jest to też sposób na wewnętrzne uporządkowanie wielu spraw i przemyślenie ich sobie. Jednak prawda, której nie jesteśmy w stanie wyrazić, gromadzi się w piątej czakrze niczym dźwięki tła na nagraniu, które utrudniają usłyszenie tego, co ważne. Jeśli jesteśmy bardzo zajęci prowadzeniem rozmowy w swoim umyśle, nie słuchamy w pełni tego, co dzieje się wokół nas. Wówczas nie jesteśmy w stanie zsynchronizować się z innymi i z nimi współbrzmieć. Jeśli wewnętrznej paplaniny będzie zbyt wiele, może się zdarzyć, że zaczniemy żyć w swoim własnym świecie. Słuchanie jest niezbędne do prawidłowego nastrojenia naszego instrumentu – tak samo jak muzycy słuchają innych instrumentów, dostrajając swój. Dlatego właśnie wyciszenie umysłu pomaga w lepszym słuchaniu.

A oto krótkie ćwiczenie, które możesz wykonać, gdy zauważysz, że tracisz harmonię z kimś, z kim jesteś dość blisko np. z drogim ci przyjacielem.

Ćwiczenie: Wstrzymana ekspresja

Zajrzyj w głąb siebie i znajdź coś, czego nie mówisz drugiej osobie. Być może nie chcesz zranić jej uczuć, może nie chcesz się zanadto odsłonić albo nie mieliście czasu nawiązać głębokiej relacji. A może ciągnie się za wami jakaś niedokończona rozmowa, w której nie miałeś okazji powiedzieć całej prawdy.

Cokolwiek miałeś powiedzieć, ale nigdy do tego nie doszło, mamy do czynienia z tzw. „wstrzymaniem." Jest to jakiś fragment prawdy, który z różnych powodów – przykładowo, tych wspomnianych powyżej –wstrzymujesz przed kimś. Najczęściej wstrzymujemy w ten sposób sprawy negatywne. Ale czasem po prostu zapominamy powiedzieć komuś, że go za coś doceniamy albo jesteśmy zbyt nieśmiali, by wyznać, że na czymś nam zależy. Oczywiście są rzeczy, które lepiej pozostawić niewypowiedziane, jednak nadal będą zajmować miejsce w czakrze serca i pogłębiać dystans pomiędzy nami a drugą osobą.

Krok pierwszy

- Zapisz w notatniku wszystkie rzeczy, których nie powiedziałeś danej osobie. Nie pomijaj żadnego słowa. Wyraź swoją prawdę w taki sposób, by była w pełni autentyczna – to twój notatnik i nikt poza tobą nie przeczyta tych zapisków. Zapisuj wszystko, aż poczujesz, że nic więcej z siebie nie wyciśniesz.
- Zwróć uwagę, jak się czujesz po zrzuceniu tego balastu. Możesz żywić negatywne uczucia względem tej osoby albo wręcz przeciwnie – po wyrzuceniu z siebie negatywnych słów, możesz poczuć pozytywne emocje. Zanotuj je również.
- A oto kilka przykładów:
  - Nie powiedziałem ci, jak wściekły byłem, ponieważ brudne naczynia leżały w zlewie od poprzedniego wieczoru.
  - Ostatnio czuję, że nie potrafię z tobą rozmawiać,
  - Nie mówiłem ci ostatnio, jak bardzo cię kocham.
  - Chciałbym, żebyś mnie więcej przytulał/spędzał ze mną czas/słuchał mnie/przeprosił za...
  - Zdenerwowałem się, kiedy ignorowałeś mnie podczas wczorajszej kolacji.
  - Chciałbym, żebyś nie oglądał tyle telewizji.
  - Chcę spędzać z tobą więcej czasu.

Krok drugi

Po zapisaniu tych słów, wyobraź sobie, że faktycznie je wypowiadasz do danej osoby. Jakie to uczucie? Pamiętaj, że to jedynie konwersacja prowadzona w wyobraźni, gdzie widzisz własną projekcję doświadczeń słuchacza.

Krok trzeci

Znajdź przyjaciela, który pomoże ci w pracy nad „wstrzymaniami." Użyj do tego celu poniższego scenariusza:

- ❖ Twój przyjaciel mówi: „Powiedz mi coś, co wstrzymujesz, zamiast oznajmić to Patrickowi." Wówczas powiedz: „Patrick, bardzo się zdenerwowałem, gdy spóźniłeś się na nasze spotkanie."
- ❖ Następnie twój przyjaciel mówi: „Dziękuję. A teraz powiedz mi coś jeszcze."
- ❖ Kiedy powiesz kolejną rzecz, powtarzajcie ten proces, aż wszystko, co miałoby zostać powiedziane Patrickowi, zostanie wypowiedziane na głos.

Zauważ, że twój przyjaciel niczego nie kwestionuje, nie analizuje, nie ocenia, nie udziela rad ani nie komentuje. Mówi jedynie „Dziękuję, a teraz powiedz mi coś innego, co wstrzymujesz..."

Krok czwarty

Jeśli to możliwe podziel się wstrzymywanymi rzeczami z osobą, której dotyczą. Mówię „jeśli to możliwe", bo może się zdarzyć, że ta osoba już nie żyje, przeprowadziła się gdzieś bardzo daleko albo po prostu nie chce z tobą rozmawiać. Jeśli jednak będziesz miał taką możliwość, poniższy plan może ci pomóc w przeprowadzeniu takiej rozmowy:

- ❖ Zacznij od pytania, zanim zaczniesz z siebie wszystko wyrzucać, np.: „Kochanie, zauważyłem, że są rzeczy, których ci nie powiedziałem i tworzą one pomiędzy nami dystans. Czy zechcesz ich wysłuchać?"
- ❖ Odpowiedź może brzmieć „Tak, zechcę" albo „Nie, nie chcę" albo „Nie teraz, jestem zmęczona, możemy przełożyć to na później?" Należy uszanować każdą odpowiedź. Nie ma sensu prowadzić teraz takiej rozmowy, jeśli dana osoba jej sobie nie

życzy. Jeśli spotkasz się z odmową, ciesz się z osiągnięć kroku pierwszego, drugiego i trzeciego.

- Jeśli dana osoba wyrazi wolę wysłuchania cię, poproś, by wyraziła na to zgodę, mówiąc wprost np. „Dziękuję. Powiedz mi to, co w sobie wstrzymujesz." Ważne jest, by osoba, z którą rozmawiasz, powstrzymała się od kłócenia się, komentowania, przerywania ci lub by nie przybierała postawy obronnej. To co mówisz, z jej perspektywy może się wydawać prawdziwe albo może zostać uznane za fałsz. Ale nie o to tu chodzi. Chodzi o to, byś pozbył się tego balastu.
- Osoba, z którą rozmawiasz, może w zamian zechcieć podzielić się z tobą swoimi wstrzymanymi przemyśleniami. Jeśli tak, powtórzcie cały proces i po prostu wysłuchajcie siebie nawzajem, a potem sobie podziękujcie.

Pomocne wskazówki

- Unikaj obwiniania, krytyki czy oceniania, co czuje druga osoba. Takie stwierdzenia zwykle zaczynają się od słowa „ty" np. „Ty zawsze mnie ignorujesz i zachowujesz się nieuprzejmie. Ciągle jesteś taki wściekły."
- Znacznie lepiej jest prowadzić taką rozmowę, mówiąc w pierwszej osobie np. „Wczoraj czułem się wręcz niewidzialny i zdenerwował mnie ton naszej rozmowy. Bałem się, że zrobiłem coś, co cię rozzłościło." W ten sposób twój rozmówca nie usłyszy krytyki, ale dowie się o twoich doświadczeniach.
- Po powiedzeniu sobie tego, co wstrzymywaliśmy, dobrze jest podzielić się czymś pozytywnym. Zwykle dzieje się to całkiem naturalnie po rozmowie na negatywne tematy, ale wspominam o tym gwoli przypomnienia – zawsze trudne komunikaty okra-

szaj stwierdzeniami, które są pozytywne lub dodają otuchy, np. „Ogromnie się cieszę, że odbyliśmy tę rozmowę, ponieważ bardzo cenię sobie naszą znajomość i chcę, byśmy się do siebie zbliżyli" lub „Doceniam jak opiekujesz się dziećmi i dbasz o dom. To dla mnie wielkie wsparcie."

- I zawsze miło jest zakończyć taką rozmowę przyjacielskim uściskiem lub chociaż uśmiechem.

CO NALEŻY ZAPAMIĘTAĆ?

- Piąta czakra związana jest z dźwiękiem, komunikacją, autoekspresją i kreatywnością.
- Dziewięćdziesiąt procent dobrej komunikacji to słuchanie.
- Mantry to dźwięki stworzone, by przebudzić świadomość swymi subtelnymi wibracjami. Każda czakra posiada swój własny dźwięk, dzięki któremu można aktywować jej energię.
- Cokolwiek w sobie wstrzymujemy, zamiast powiedzieć to drugiej osobie, tworzy dystans pomiędzy nami a tą właśnie osobą.
- Blokowanie i wstrzymywanie prawdy może nawet prowadzić do problemów zdrowotnych.
- Celem piątej czakry jest harmonia z naszą prawdą – odnalezienie jej, mówienie o niej i życie zgodnie z prawdą.

Czakra szósta

Światło

Czakra szósta

Światło

Musisz znaleźć w sobie to, co zapala w tobie iskrę,
byś mógł na swój sposób oświetlić świat.

Oprah Winfrey

Lokalizacja:	Środek głowy na poziomie brwi
Nazwa i znaczenie:	Ajna, centrum dowodzenia
Cele:	Widzenie, intuicja, mądrość
Żywioł:	Światło
Zasada:	Luminescencja, blask
Wiek rozwoju:	12 lat i więcej
Tożsamość:	Tożsamość archetypowa
Zorientowanie:	Refleksje i przemyślenia na swój temat
Negatywna domena:	Iluzje

Prawo:	Widzieć
Dźwięk:	*Om*
Kolor:	Indygo
Forma zrównoważona:	Przejrzystość, inspiracja, wizja

Zapalanie światła

Pokonaliśmy już znaczną część drogi naszej podróży wzdłuż czakr. Uziemiliśmy, się zakopując nasze korzenie w głębi ziemi dzięki czakrze pierwszej. Przepłynęliśmy ocean emocji i seksualności w czakrze drugiej, ucząc się harmonii z naszymi pragnieniami. Dzięki czakrze trzeciej odkryliśmy naszą moc i wzmocniliśmy ją poprzez swą wolę. Na poziomie czakry czwartej wdychaliśmy powietrze pełne miłości wprost do naszego serca, a dzięki czakrze piątej nauczyliśmy się wyrażać naszą prawdę. Kolejnym krokiem jest przejście ku promienistej jasności czakry szóstej, by odkryć blask naszej duszy. Tu właśnie wzmacnia się nasza intuicja, rozwija się wizja, tu możemy odnaleźć mądrość i jasność myślenia.

Szósta czakra dotyczy widzenia – w najgłębszym znaczeniu tego słowa. Co to znaczy widzieć naprawdę – nie tylko dostrzegać szczegóły wokół nas, ale widzieć też to co wewnątrz? Widzenie odgrywa ważną rolę w uświadamianiu sobie różnych spraw. Musimy zatem nauczyć się patrzeć „prawdziwymi oczyma." Oznacza to, że musimy wykroczyć poza negatywną domenę szóstej czakry, czyli iluzję i sięgnąć ku wiecznemu światłu siły życiowej.

Światło umożliwia widzenie, dlatego też jest to żywioł związany z czakrą szóstą. Widzimy, gdzie się znajdujemy, możemy nawigować, podążając naszą ścieżką i sprawdzać nasze położenie na mapie. Nasza intuicja staje się siłą, która nas prowadzi. Opierając się na przeszłości, zyskujemy szerszą perspektywę, widzimy, co znajduje się przed nami i wybieramy właściwy kierunek. Jasność i klarowność widzenia nadają znaczenie naszemu życiu. Informują nas, pomagając podjąć odpowiednie decyzje, dzięki którym wiemy, dokąd podążać.

W latach siedemdziesiątych ubiegłego wieku żyłam w pewnej alternatywnej komunie tworzącej społeczność silnie związaną z ziemią. Uwielbiałam każdą minutę tam spędzoną – to zanurzenie się w pięknie natury, prace w ogrodzie, sadzenie drzew i przewodzenie ceremoniom celebrującym cztery pory roku. Nigdy nie opuściłabym tego prostego raju, gdyby nie fakt, że pozostanie tam nie współgrało z moją wizją przedstawienia systemu czakr całemu światu. Podjęłam decyzję o powrocie do miasta, wróciłam na uczelnię, by pogłębić swoją edukację i napisać swoją pierwszą książkę *Koła życia*. Wybrałam swoją drogę w oparciu o to, co miało przysłużyć się mojej szerszej wizji, nawet jeśli oznaczało to chwilowe poświęcenie.

Zachłyśnij się światłem

Większość z nas jest w znacznej mierze odseparowana od naturalnego światła, spędzając czas w budynkach, pośród ścian, z dachem nad głową, wychodząc na zewnątrz jedynie na kilka chwil – do samochodu lub autobusu. Żyjemy pośród sztucznego światła. Ale to światło naturalne jest tak niezmiernie ważne dla naszego zdrowia. Jeśli jesteśmy pozbawieni światła, tracimy cenne „witaminy." Istnieje nawet jednostka chorobowa, na którą cierpią często ludzie żyjący w dalekich północnych lub południowych zakątkach globu – jest to syndrom zwany sezonową chorobą afektywną (ang. SAD – seasonal affective disorder), który może prowadzić do depresji. Badania wykazują, że nawet umiarkowana ekspozycja na naturalne światło w okresach jego deficytu, może znacznie „rozjaśnić" nasz nastrój.

A oto ćwiczenie, które pomoże wnieść barwy i światło do twego wewnętrznego świata:

Ćwiczenie: Magazynowanie światła w wewnętrznej świątyni

- ❖ Kiedy zobaczysz jakiś jaskrawy kolor, zatrzymaj i skoncentruj się na nim. Pozwól, by wnikał w ciebie poprzez twoje oczy. Wyobraź sobie, jak go wdychasz.
- ❖ Następnie zamknij oczy i sprawdź, czy pamiętasz, co dokładnie widziałeś. Jeśli nie możesz sobie tego dobrze przypomnieć, otwórz oczy i „napij się" tej barwy ponownie. Wyobraź sobie, że „magazynujesz" ten kolor na swojej wewnętrznej palecie barw.
- ❖ Powtórz, aż poczujesz, że potrafisz odtworzyć w sobie ten kolor.

Możesz wykonywać to ćwiczenie również ze światłem, tyle, że pamiętaj, by nigdy nie patrzeć bezpośrednio na słońce. Czasami gdy widzę światło odbijające się od szyby, przeświecające przez drzewo lub lśniące podczas zachodu słońca, staram się „zapisać" te wizje w swoim wnętrzu.

Ćwiczenie: Wizualizacja wewnętrznego płomienia

Kolejną techniką jest medytacja w ciemnym pokoju, w którym stoi przed tobą zapalona świeca. Staraj się chłonąć obraz płomienia świecy, aż do chwili, gdy po zamknięciu oczu nadal będziesz go wyraźnie widział.

Dzięki temu ćwiczeniu po pewnym czasie odkryłam, że moje sny stały się bardziej kolorowe, wzmocniła się moja wyobraźnia i zdolność do wizualizacji. Ponadto gdy zamykam oczy w ciemności, często widzę delikatną, wewnętrzną luminescencję.

Znaczenie symbolu szóstej czakry

Po tym jak liczba płatków w symbolach czakr sukcesywnie wzrastała – od czterech do sześciu, dziesięciu, dwunastu i szesnastu – teraz znów mamy nagle dwa płatki w symbolu szóstej czakry. Zawsze miałam poczucie, że owe dwa płatki symbolizują dwoje oczy fizycznych, a koło przedstawia trzecie oko, metapsychiczny narząd percepcji.

Wewnątrz okręgu ponownie widzimy Trikunę bogini Shakti, łączącą ducha i materię. Wewnątrz znajduje się także symbol dźwięku om, uniwersalny symbol duchowej jedności. Ponad nim znajduje się jaśniejący półksiężyc, oznaczający czystość koloru białego, który często widziany jest, gdy trzecie oko otwiera się na jasność wewnętrznego światła.

Mówi się, że oba nadi, *ida* i *pingala* tworzące kształt cyfry osiem (omówione na stronie 34) spotykają się w szóstej czakrze i zapadają się tam, tworząc pozbawioną dwoistości świadomość. Jedynie w tym stanie pojedynczego umysłu możemy wznieść się ku siódmej czakrze, do stanu czystej świadomości.

Otwieranie trzeciego oka

Wyobraźnia jest ważniejsza niż wiedza.

Albert Einstein

Szósta czakra nazywana jest także trzecim okiem. To głębszy narząd zmysłu, który znajduje się pomiędzy naszymi oczami fizycznymi. Związany jest z szyszynką, gruczołem w mózgu bardzo wrażliwym na światło, który odpowiada za nasze wizje, sny oraz cykl snu i czuwania. Organ był nazywany „siedzibą duszy" na długo zanim współczesna nauka odkryła jego znaczenie i pełnione funkcje. U niektórych istot niższych, a także u embrionów, szyszynka faktycznie stanowi trzecie oko.

Minęły trzy miliardy lat od pojawienia się na Ziemi pierwszej formy życia do ewolucyjnego utworzenia oczu, które mogły widzieć. To całkiem długi czas spędzony w ciemności, zanim nareszcie zapalono światło! Kiedy zwierzęta posiadły zdolność widzenia, możliwym stało się dla nich poruszanie się w kierunku pokarmu lub odsuwanie się od niebezpieczeństwa. Mogły się wzajemnie widzieć, obserwować świat wokół i zacząć wspólnie kooperować.

Teraz znajdujemy się w tym samym punkcie ewolucyjnym, co dawniej ewoluujące gatunki – właśnie osiągnęliśmy stadium, w którym mamy wystarczająco dużo informacji o świecie, by mieć wgląd w przyszłość; posiadamy technologię, która daje nam elektroniczne oczy, dzięki którym widzimy, co dzieje się po drugiej stronie globu, mamy filmy, telewizję, Internet; możemy się komunikować pomimo dzielących nas ogromnych odległości, dzięki programom takim jak Skype możemy nawet widzieć osobę, z którą rozmawiamy.

Dotarliśmy także do punktu, gdzie całe masy ludzi uczą się, jak zwiększyć swoją świadomość, medytować, rozwijać intuicję. I chociaż może nie jest to jeszcze może bardzo powszechne, wielu ludzi rozwija swoje zdolności metapsychiczne i zaczyna stosować jasnowidzenie do widzenia energii oraz aury, by móc stosować uzdrawianie. Nauka widzenia świata w ten sposób, to ogromny ewolucyjny postęp.

To co kluczowe na tym etapie, to to, że tworzymy prowadzącą nas przez świat wizję tego, gdzie zdążamy na tej planecie, wizję, która umożliwi nam przetrwanie w ujęciu długofalowym oraz rozkwit ku przyszłości. Wgląd w przyszłość umożliwia nam planowanie. Najwyraźniej ocalenie naszej planety oznacza, że naprawdę musimy to poważnie zaplanować. Moją globalną wizją jest, że tworzymy niebo na ziemi, a droga wiodąca przez czakry jest drogą, która nas tam zaprowadzi.

Jeśli globalna wizja cię na razie przytłacza, być może najpierw powinieneś stworzyć wizję własnego życia. Dokąd chcesz dojść? Co chciałbyś osiągnąć? Co przykuwa twoją uwagę? Co sprawia, że odczuwasz pasję i poczucie celu? Twoja wizja to pojazd, który zawiezie cię do spełnienia swych życiowych celów. Ile czasu spędzasz, planując kolejne wakacje w porównaniu do czasu, jaki poświęcasz na zaplanowanie reszty życia?

Ćwiczenie: Wyobrażanie swojej wizji

- Czy jest ktoś, kogo podziwiasz za to, że żyje według swojej wizji? Co cię inspiruje w tej osobie?
- O czym śnisz na jawie, kiedy twój umysł odpoczywa? Czy to coś, co chciałbyś wcielić w życie?
- Gdyby pieniądze nie stanowiły problemu, co zrobiłbyś ze swoim życiem? Co ofiarowałbyś społeczeństwu?
- Wyobraź sobie, że leżysz na łożu śmierci i spoglądasz wstecz na swoje życie. Czy jesteś zadowolony z tego, co zrobiłeś?
- Wyobraź sobie, że twoja rodzina zbiera się wokół twego łoża śmierci, a ty mówisz im, że jesteś gotów opuścić swoje ciało, bo osiągnąłeś swój życiowy cel. Co nim było? Co takiego zrobiłeś? Jaki to miało efekt?

Centrum dowodzenia

Ludzie są niczym witraże. Lśnią i świecą, gdy oświetla je słońce, ale gdy zapada ciemność, ich prawdziwe piękno ujawnia się dopiero, gdy zapłonie wewnętrzne światło.

Elizabeth Kübler-Ross

Czakra szósta zwana jest Ajna, co oznacza „postrzegać" i „dowodzić". Część dotycząca percepcji jest łatwiejsza do zrozumienia – widzimy, co się dzieje, gdy otworzymy oczy: postrzegamy to, co znajduje się wokół nas. Ale to jedynie połowa zadań szóstej czakry. Tworzy ona również w naszym umyśle obrazy, dzięki którym możemy *dowodzić* i *zarządzać* naszą rzeczywistością. Te wewnętrzne obrazy są niczym witraże. Są pierwszą rzeczą, z którą zderza się świadomość dążąca do manifestacji. Choć nie jest też tak, że otrzymujemy wszystko, co sobie wizualizujemy. Zazwyczaj blokady zakłócają obraz, który mamy w umyśle. Jednak nasze wewnętrzne obrazy i wierzenia ukierunkowują naszą uwagę i zaczynają nadawać naszym myślom formę.

Większość ludzi postrzega widzenie jako proces bierny: po prostu otwierasz oczy i pojawia się obraz. Ale gry użyjesz wyobraźni, jest to również proces aktywny. W ten sposób „widzisz" to, co chcesz stworzyć – chociaż to wcale jeszcze nie istnieje! A im bardziej aktywnie korzystasz z wyobraźni, tym lepsze efekty osiągasz w tworzeniu tego, czego pragniesz.

Jeżeli chcesz coś zmienić lub stworzyć w swoim życiu, zacznij od wizualizacji tego, *jakby się już wydarzyło*. Jeśli pragniesz większego dostatku, codziennie wizualizuj wysokie kwoty na swoim koncie bankowym lub wyobrażaj sobie, że zacząłeś nową świetną pracę lub też „zobacz", jak zostają spłacone wszystkie twoje długi. Jeśli zależy ci na zdrowiu, wyobraź sobie wysyłanie światła lub koloru do obszaru ciała objętego schorzeniem. Jeżeli szukasz swojej drugiej połówki, wyobraź sobie, jak rozmawiasz z taką osobą, budzisz się obok niej lub idziecie razem do ołtarza, by przypieczętować swą znajomość.

Drobna uwaga

Bądź świadom obrazów, jakie tworzysz na temat swego życia, siebie lub innych. Czy koncentrujesz się na obrazach pozytywnych czy negatywnych? Czy patrząc w lustro, skupiasz się na dodatkowym wałku tłuszczu wokół brzucha czy też potrafisz dostrzec swoje piękno? Czy patrząc na innych, widzisz, co robią źle czy raczej dostrzegasz ich pozytywne cechy? Królowie i królowe nosili korony wysadzane klejnotami, które były tak piękne, ponieważ odbijały światło. Kiedy nauczysz się odbijać światło innych osób, to światło się powiększy. Nauczenie się dostrzegania i wzmacniania dobra, stanowi część codziennej duchowej praktyki.

Czakry i kolory

Kolor jest aspektem światła, który niesie ze sobą konkretne częstotliwości. Badania wykazują, że ludzie szybciej wracają do zdrowia, gdy są otoczeni zielenią, kolor niebieski ma własności uspokajające, a czerwony energetyzujące. Oczywiście czakry są również powiązane z barwami, które odzwierciedlają siedem kolorów tęczy – od najniższej częstotliwości spektrum światła widzialnego (czerwony), poprzez pomarańczowy, żółty, zielony, niebieski i indygo aż do najwyższej częstotliwości, czyli fioletu. Jeśli chcesz pobudzić konkretną czakrę, pomocne jest otoczenie się odpowiednim kolorem.

Ćwiczenie: Medytacja koloru

Kiedy przeczytasz ten tekst dotyczący medytacji, zamknij na chwilę oczy. Możesz nawet nagrać ten tekst i odtworzyć go sobie, by cię poprowadził.

Gdy twoje powieki opadną, odcinając dostęp światła, wyobraź sobie, że wnosisz światło do wnętrza swojej wewnętrznej świątyni. Pamiętasz, jak wygląda światło, dzięki wcześniejszemu „magazynowaniu" światła. Możesz teraz je odtworzyć w swoim umyśle w dowolnym momencie.

Wyobraź sobie, jak światło oświetla cię od góry, jaśniejąc ponad twoją głową. Ujrzyj je jako czyste, białe światło, tak jasne jak tylko jesteś w stanie sobie wyobrazić. Ma barwę światła gwiazd.

A teraz wyobraź sobie, że twoje ciało jest pryzmatem, który rozszczepia to białe światło na siedem częstotliwości barw, po jednym dla każdej czakry.

Gdy światło oświetla twój czubek głowy, wyobraź sobie, że staje się jaskrawofioletowe, oświetla i barwi tysiące płatków lotosu twojej czakry korony.

Następnie wróć do białego światła i zobacz, jak jego promień sięga niżej, stając się błękitem w kolorze indygo. Wnika w twoją szóstą czakrę pośrodku głowy, która jest niczym szafir, jaśniejąca niebieskim światłem.

A teraz skieruj to białe światło niżej, niech jego promień stanie się turkusowy, gdy wniknie do czakry gardła. Wyobraź sobie fale wibracji emanujące błękitem we wszystkich kierunkach z twojej czakry gardła.

Ponownie sięgnij ku białemu światłu i sprowadź z niego piękny, zielony promień – promień w kolorze zieleni bujnych roślin i lasów. Wciągnij ten kolor w płuca razem z oddechem i napełnij nim czakrę serca.

Teraz sięgnij do białego światła i ściągnij z niego żółty promień – promień w kolorze ognia i energii słońca. Pozwól, by wypełnił trzecią czakrę i napełnił ją jasnożółtym, lśniącym złotem.

Utrzymuj wszystkie te kolory w czakrach i sięgnij teraz do białego światła po promień w kolorze pomarańczowym. Wizualizuj, jak druga czakra napełnia się ciepłem i energią tej barwy. Poczuj, jak roztapia się ona w twoim ciele, przynosząc ukojenie.

Na koniec sięgnij ku białemu światłu i ściągnij w dół promień koloru głębokiej, żywej czerwieni – promień w kolorze czakry korzenia. Wyobraź sobie, że siedzisz w czerwonym kwiecie lotosu, którego płatki skierowane są na cztery strony świata, a kwiat zalewa czerwone światło. Pozwól, by ta czerwień spłynęła w dół po twoich nogach i popłynęła dalej, aż do ziemi.

A teraz spróbuj wizualizować swój wewnętrzny rdzeń niczym świetlistą tęczę, w której każdy kolor jest żywy i jaskrawy i oświetla twój system czakr.

Zwróć uwagę, czy któreś z czakr jaśnieją bardziej niż pozostałe. Tym, które wydają się być zamknięte lub ciemne, dostarcz dodatkową porcję światła.

Wyobraź sobie, że te siedem kolorów lśni w głębi ciebie niczym klejnoty, a powierzchnia twego ciała obleczona jest w jaśniejące delikatnie, blade światło.

Możesz zapisać w swoim notatniku wszystkie doznania, które chciałbyś zapamiętać.

Ćwiczenie: Patrzenie z innej perspektywy

Kiedy zmienisz perspektywę, rzeczy zaczynają wyglądać zupełnie inaczej. Dlatego wszelka zmiana miejsca czy wyjazd mogą pomóc w rozwiązaniu problemów i znalezieniu rozwiązań. Poniżej znajdziesz ćwiczenie umożliwiające rozwinięcie wewnętrznego patrzenia, które być może sprawi, że dowiesz się o sobie czegoś nowego. Możesz być zaskoczony, widząc pewne sprawy, których normalnie nawet nie dostrzegasz.

Zamknij oczy i wyobraź sobie, że wychodzisz ze swego ciała i unosisz się w powietrzu nad własną głową lub w rogu pokoju albo nawet ponad dachem swego domu.

Wyobraź sobie, że spoglądasz w dół i patrzysz na siebie samego – obserwuj swój typowy dzień. Zobacz, jak rano wstajesz, myjesz zęby, jesz śniadanie, rozmawiasz z rodziną, wychodzisz do pracy i tak dalej, aż minie cały dzień, wrócisz do domu z pracy i położysz się do łóżka. Obserwuj to wszystko, jakbyś oglądał stary film lub video w serwisie YouTube nagrane ukrytą kamerą.

Czy patrząc z tej perspektywy, zauważyłeś w sobie coś, czego nie dostrzegasz na co dzień? Może zwróciłeś uwagę, że nieco się garbisz albo że nie jesteś otwarty na miłość, mimo że masz ją wokół siebie. Ja często zapominam, że powinnam pozwolić, by mój duch mnie prowadził i często myślę, że wszystko muszę robić sama. Niektórzy dostrzegają, że za bardzo się starają lub że nie starają się wystarczająco albo też, że są za bardzo zalęknieni.

Przyjrzyj się sobie z pewną dozą obiektywizmu, lecz powstrzymaj się od oceniania i ferowania wyroków. Po prostu obserwuj siebie, jakbyś patrzył na kogoś innego – bądź po prostu ciekawy.

Następnie otwórz oczy i zapisz w notatniku to, co widziałeś. Nie udzielaj sobie rad, nie oceniaj, po prostu zapisz, to, co udało ci się zaobserwować.

Czy ja śnię?

Kto patrzy na *zewnątrz – śni*; *kto zagląda* do *wnętrza – budzi* się.
Carl Jung

Śnienie jest istotną częścią szóstej czakry oraz świadomości w ogólnym ujęciu. Wywołuje nieświadome obrazy i rozmowy, które świadomy umysł odbiera i nadaje im sens.

Jak wykazują badania, nawet jeśli nie pamiętasz swoich snów, okazuje się, że każdy śni w nocy, nawet kilkukrotnie. Każdy człowiek ma przerywane okresy snu, w których występuje trzepotanie powiek – jest to faza REM (ang. Rapid Eye Movement) czyli faza, w której występują szybkie ruchy gałek ocznych. Można to czasem zaobserwować nawet u psów! Kiedy obudzisz kogoś po wkroczeniu w fazę REM i przerwiesz mu sen, osoba ta będzie odczuwała rozchwianie emocjonalne. Zatem sny naprawdę pełnią ważną rolę, bez względu na to, czy je pamiętasz czy nie.

Prowadzenie zeszytu, w którym będziesz notować swoje sny, jest świetnym pomysłem, by zasygnalizować swemu nieświadomemu umysłowi, że naprawdę interesujesz się tym, co chce ci powiedzieć. Wkrótce odkryjesz, że coraz klarowniej pamiętasz swoje sny. Nawet jeśli zapamiętasz jedynie fragment snu, zanotuj go, a potem poświęć chwilę, by się nad nim zastanowić.

Gdy zaczniesz zapisywać swoje sny, z czasem zauważysz, że pojawiają się w nich konkretne motywy. Co zazwyczaj próbujesz zrobić we śnie? Co cię frustruje? Za co jesteś nagradzany? Na każdy aspekt snu spójrz jak na aspekt siebie samego, nawet jeśli twój sen dotyczy samochodu, rośliny czy domu. Jeśli nie rozumiesz jakiegoś fragmentu swego snu, przeprowadź w notatniku mały dialog sam ze sobą, próbując znaleźć sens. Możesz być zaskoczony tym, czego się dowiesz.

Tożsamość archetypowa

Treść zbiorowej nieświadomości stanowią archetypy, pierwotne obrazy, które odzwierciedlają podstawowe wzory, które wszyscy posiadamy, a które istnieją od zarania dziejów.

Carl Jung

Archetypy to wzory w zbiorowej świadomości – idealne obrazy, które są niczym fotokopie podobne do setek naszych doświadczeń. Przykładowo mogę powiedzieć „kot" albo „matka" i słowa te będą miały generalnie takie samo znaczenie dla wszystkich, mimo że każdy i kot i każda matka są istotami unikalnymi.

Nauczenie się jak myśleć w kategoriach archetypów stanowi część widzenia większego obrazu świata. To sposób, w jaki postrzegamy siebie w odniesieniu do otoczenia. Możemy dostrzegać swoją rolę, jaką odgrywamy w pracy lub w związku lub rolę, jaką inni grają w naszym życiu. Zrozumienie ich może sprawić, że świadomie wybierzemy, jaką rolę w życiu chcemy pełnić lub jakiej nie chcemy. To jeden z elementów strumienia wyzwolenia. Pozwól, że przytoczę pewien przykład.

Trzydzieści lat temu byłam bardzo zajętą kobietą. Jako matka zajmowałam się wychowaniem czwórki dzieci, prowadziłam praktykę psychoterapeutyczną na pełen etat, byłam przewodniczącą dużej organizacji, kończyłam studia i właśnie ukazała się moja pierwsza książka *Koła życia*. Czułam się wyczerpana i zdezorientowana, zastanawiając się, jak uszeregować swoje priorytety. Teraz, gdy patrzę na swoje życie wstecz, mówię „I nic dziwnego!", ale w tamtych dniach wyszukałam sobie pewną terapię jungowską, która miała mi pomóc uporać się z tymi wszystkimi obowiązkami. Podczas jednej z takich sesji mój terapeuta spytał: „Dlaczego tak nadmiernie utożsamiasz się z pozytywnymi aspektami

Wielkiej Matki?". W krótkim przebłysku rozumienia, zdałam sobie sprawę (naprawdę to zobaczyłam), że starałam się być osobowością, która stanowi „Wszystko dla Wszystkich". Przyjęłam archetyp, który był całkowicie nierealistyczny. Tym jednym prostym pytaniem mój terapeuta rozbił cały mój kompleks i uwolnił mnie od niego, sprawiając, że mogłam się stać prawdziwą sobą.

Może teraz zdajesz sobie sprawę, że w swojej rodzinie pełnisz rolę Czarnej Owcy albo że zawsze byłeś/byłaś Grzeczną Dziewczynką lub Grzecznym Chłopcem. A może czułeś, że musisz wszystkich ratować i odgrywałeś Bohatera. A może byłeś Duchem albo Ofiarą.

Archetypy mają swoje jasne i ciemne strony. Może twoja matka była Matką Wycofaną, a może Matką Opiekuńczą. Może twój ojciec był Nerwowym Ojcem albo Ojcem Nadopiekuńczym. Może twój brat odgrywał w rodzinie rolę Cienia, a ty starałeś się być Grzecznym Dzieckiem, by to zrównoważyć. A może zaprzeczasz mrocznym stronom swego archetypu – tak jak ja zaprzeczałam ciemnej stronie Wielkiej Matki.

Poniżej znajdziesz kilka ról, które często ogrywamy w świecie archetypów. Ile z nich potrafisz rozpoznać? Możesz także dodać jakieś swoje.

- Matka,
- Ojciec,
- Zagubione Dziecko,
- Grzeczna Dziewczynka,
- Grzeczny Chłopiec,
- Kochanek,
- Artysta,
- Uzdrowiciel,
- Męczennik,
- Ofiara,

- Bohater (próbujący ocalić świat),
- Figlarz,
- Komik,
- Dobroczyńca,
- Buntownik,
- Nauczyciel,
- Budowniczy.

Jaką rolę ty odgrywasz? Zadaj sobie pytanie, czy rola, którą grasz, służy ci w sposób, w jaki tego chcesz. Jeśli tak, w jaki sposób możesz zawłaszczyć ten archetyp i odgrywać tę rolę jeszcze lepiej? Jeśli nie, to jak możesz wyrwać się z jego uścisku i uwolnić się, by żyć bardziej prawdziwie?

Czasami samo zdanie sobie sprawy z tego, co się dzieje, wystarcza, by uwolnić się od pełnionej roli. Innym razem wymaga to dania sobie przyzwolenia, by zrobić coś inaczej. Dla mnie powyższa historia wymagała nie tylko zrozumienia, jakim archetypem się stałam, ale także nauczenia się jak powiedzieć „nie", nawet jeśli miało to oznaczać, że ktoś będzie czasem niezadowolony. To umiejętność, nad którą nadal pracuję.

Okres dzieciństwa

Dzieci są z natury pomysłowe i obdarzone silną wyobraźnią. Mogą wymyślać całe historie, bawiąc się lalkami i żołnierzykami. Mogą mieć wymyślonych towarzyszy zabaw i wyczuwać nastroje innych ludzi. Niestety, nasz szósty zmysł często wyłącza się, gdy dorastamy. Niewielu rodziców czy nauczycieli wie, jak pielęgnować w dzieciach te zdolności, ponieważ sami nie mieli możliwości ich w sobie rozwinąć.

Po tym jak ustabilizuje się twórcza tożsamość piątej czakry, mniej więcej w wieku dwunastu lat zaczyna się tworzyć tożsamość archetypowa. Teraz pytając „dlaczego", dziecko wkracza na całkowicie inny poziom, używając wyobraźni, by zupełnie inaczej patrzeć na życie. Pojawia się silna potrzeba przynależności i posiadania archetypowej osobowości np. przywódcy gangu, pupilka nauczyciela czy przewodniczącego klasy. Młody nastolatek zaczyna widzieć życie zupełnie inaczej, inaczej się czesze, ma ochotę robić tatuaże lub zaczyna mieć obsesję na punkcie jakiejś znanej postaci np. gwiazdy kina.

Musimy mieć pewność, że nie stłumimy wyobraźni dziecka ani nastoletniej potrzeby eksperymentowania z tymi archetypowymi tożsamościami. To część wypróbowywania innych realiów, sposób, by nauczyć się dostrzegać różnorodność możliwości. W tak szybko zmieniającym się świecie, zdolność dostrzegania różnych opcji ma naprawdę ogromne znaczenie.

Niestety często problem stanowi fakt, że młodzież nie ma pozytywnych, znaczących archetypów takich jak bohaterowie mitów i legend, bogowie i boginie. Zamiast tego mają stereotypy, które są znacznie mniej zadowalające. Jeśli chcemy temu przeciwdziałać, są różne sposoby na to, by zacząć myśleć bardziej archetypowo – może to być czytanie mitologii, astrologia* lub praca z obrazami z kart Tarota.

Nadczynność i niedoczynność szóstej czakry

George i Jennifer byli dziwną parą. Ona miała w sobie dziecięcą niewinność i wielkie, szeroko otwarte oczy. Interesowała się wszystkim

* O astrologicznych archetypach i wpływie planet na ludzkie życie można przeczytać w książce dr Jennifer Freed „Astrologia kluczem do poprawy Twojego życia". Jest ona dostępna w sklepie www.talizman.pl (przyp. wyd. pol.).

związanym z duchowością – poprzednimi wcieleniami, czakrami, aurą, kryształami i całą masą innych tematów. George był natomiast największym cynikiem, jakiego możesz sobie wyobrazić. To niesamowite jak udawało im się być ze sobą, zwłaszcza, że naprawdę za sobą przepadali.

Jennifer wykazywała nadczynność szóstej czakry. Potrafiła wyobrazić sobie dosłownie wszystko i wierzyła, że cokolwiek przychodziło jej do głowy, musiało być prawdziwe. Była prawdziwą marzycielką i miała silne zdolności metapsychiczne, z łatwością odbierała subtelne sygnały wysyłane przez innych ludzi i potrafiła je zinterpretować. Ale była w tych kwestiach zupełnie niedoświadczona i nie potrafiła często odróżnić prawdy od fikcji w dostrzeganych obrazach. Jej szósta czakra wykazywała znaczną nadczynność.

Jej mąż był osobą pokaźnej postury, bardzo praktyczną, ale niepozbawioną przy tym poczucia humoru. Miał niewielkie wyobrażenie o marzycielskiej wyobraźni Jennifer, ale uważał ją za zabawną i czasem lekko się z nią drażnił. Sam nigdy nie miał do czynienia z takimi sprawami, więc nie wierzył nawet, że mogą istnieć. Wykazywał skłonność do niedoczynności szóstej czakry, a miał prawdopodobnie nadczynność czakry pierwszej – związanej z solidnym stąpaniem po ziemi.

Pomimo tych różnic ta para małżeńska była ze sobą całkiem szczęśliwa. Nadal dostrzegali swoje wzajemne piękno i doceniali się, bez oczekiwania, że druga strona będzie miała taki sam pogląd na życie.

Nadczynność	Niedoczynność	Równowaga
Halucynacje	Brak wyobraźni	Wyobraźnia
Urojenia	Trudności w wizualizowaniu	Wnikliwość, spostrzeganie
Obsesyjność	Brak wrażliwości	Intuicyjność

Koszmary nocne	Niemożność przypomnienia sobie snów	Pamiętanie snów
Natrętne wspomnienia	Zaprzeczanie (wypieranie prawdy)	Przejrzystość, jasność myślenia
Trudności w koncentracji	Słaba pamięć	Wizjonerstwo

Demon iluzji

Ponieważ czakra ta związana jest z jasnym, wyraźnym postrzeganiem, jej domenę negatywną stanowi iluzja. Gdy utkniemy w jakiejś iluzji, zaciemnia nam ona pole widzenia i zaburza jasność. Widziałam kobiety chore na anoreksję przekonane, że nadal są grube. Widziałam ludzi fantazjujących o związkach z osobami, które w ogóle się nimi nie interesowały. Widziałam ludzi, którzy święcie wierzyli, że kolejna inwestycja uczyni ich bogatymi, a tylko tracili na niej pieniądze. Historia pokazała, że ludzkość nieraz dała się wyprowadzić w pole różnym urojeniom. Przydarza się to każdemu z nas, a gdy iluzja znika, pojawia się bolesne przebudzenie.

Iluzja może przyjąć formę zaprzeczenia – odmowy zobaczenia tego, co naprawdę jest. Może to nawet przyjąć formę przekłamania – widzenia czegoś innego niż widzą inni ludzie. W wyjątkowych przypadkach możemy mieć nawet do czynienia z realistycznymi halucynacjami. Osobie dotkniętej tym problemem wszystko co widzi, wydaje się absolutnie realne i prawdziwe. A jak możemy się dowiedzieć czy przypadkiem nie cierpimy na „widzenie zafałszowanego obrazu" lub czy nie mamy do czynienia z iluzją?

I tu właśnie wkracza komunikacja. Czasami dobrze jest sobie zrobić „przegląd" rzeczywistości. Spytaj przyjaciela albo dwóch, czy sądzą, że możesz postrzegać świat w nieco niedorzeczny sposób, gdy opowiesz im, co widzisz. Nieustannie kwestionuj swoje przekonania i założenia. Wyeliminuj wszelkie oczekiwania – na tyle na ile to możliwe. Gdy nie oczekujesz, że coś będzie wyglądało w konkretny sposób, możesz lepiej dostrzec rzeczy takimi, jakimi naprawdę są.

Szósta czakra to właśnie to miejsce, gdzie dwoistość ulega integracji. Jeśli postrzegasz coś jako całkowicie dobre, bez żadnych zastrzeżeń lub widzisz coś jako absolutne zło, bez żadnych dobrych stron, to są spore szanse, że nie widzisz tego jasno. Aby ujrzeć coś całościowo, w tym siebie samego, musisz zrozumieć, że każde światło rzuca też cień, a każdy cień tworzy kontrast, który podkreśla jasność światła.

CO NALEŻY ZAPAMIĘTAĆ?

- Szósta czakra związana jest z żywiołem światła oraz zdolnością do widzenia i zyskiwania wglądu w różne aspekty życia.
- Naturalne światło jest bardzo istotne dla życia. Kiedy spędzamy zbyt dużo czasu w budynkach, zaczynamy cierpieć na deficyt światła.
- Szyszynka to organ wrażliwy na światło, umieszczony w środku głowy, który odpowiada za spanie, sny oraz wizje. Funkcjonuje najlepiej, gdy zapewni jej się naturalny rytm dobowy światła i ciemności.
- Negatywną domeną tej czakry jest iluzja, która nie pozwala nam widzieć jasno i wyraźnie.
- Czakra ta związana jest z tożsamością archetypową – jest to rola, jaką odgrywamy w naszym życiu.

Czakra siódma

Świadomość

Czakra siódma

Świadomość

Żadnego problemu nie da się rozwiązać z tego poziomu świadomości, na jakim został stworzony.

Albert Einstein

Lokalizacja:	Korona – czubek głowy
Nazwa i znaczenie:	Sahasrara, tysiąckrotność
Cele:	Przebudzenie, zrozumienie, oświecenie
Żywioł:	Myśli, świadomość
Zasada:	Świadomość
Wiek rozwoju:	Wczesna dorosłość i dalsze życie
Tożsamość:	Tożsamość uniwersalna
Zorientowanie:	Wiedza o sobie samym
Negatywna domena:	Przywiązanie, ignorancja
Prawo:	Wiedzieć
Dźwięk:	*Cisza*
Kolor:	Fiolet/biel
Forma zrównoważona:	Świadomość, obecność, inteligencja

Świadomość, ostateczna granica

Ludzie obdarzeni są niezwykłą zdolnością do tworzenia wysoce wyrafinowanej świadomości. Zdolności do odczuwania, dotyku, widzenia, słyszenia i węchu oparte są świadomości, która potrafi niesamowicie szczegółowo odbierać sygnały z otaczającego świata. Zdolność do pamiętania, myślenia i planowania, po prostu do bycia świadomym, jest również czymś zakrawającym wręcz na cud.

Zastanów się, co twoja świadomość jest w stanie zrobić – rozróżniać niezliczoną ilość głosów, które słyszysz w telefonie, podążać za wskazówkami, by dotrzeć w pożądane miejsce, wiedzieć jak robić tysiące różnych rzeczy, mówić, pamiętać, tworzyć. Możesz nawet odszyfrować te znaki z farby drukarskiej na papierze i nadać im znaczenie, czytając te słowa – to samo w sobie jest cudem! A to jedynie czubek góry lodowej możliwości świadomości.

Trzynaście miliardów komórek mózgowych czyni to wszystko możliwym, a ilość połączeń między nimi jest większa niż liczba gwiazd we wszechświecie! Dosłownie nosimy w sobie wszechświat, dzięki któremu odbieramy i rozumiemy sygnały przechodzące przez naszą świadomość. Ale czy wiedziałeś, że umysł jest 100 000 razy bardziej wrażliwy na sygnały dochodzące *z wnętrza* ciała niż *z zewnątrz*, dzięki bardziej czułym receptorom wychwytującym *wewnętrzne* impulsy? Nic dziwnego, że tajemnica świadomości pozostaje nieodkryta.

Tajemnicę tę zgłębiamy właśnie w siódmej czakrze. Nasz ostatni krok w podróży poprzez system czakr kieruje nas ku podstawowej esencji życia, która nas napędza. W tym miejscu zaglądamy poza to, co normalnie widzimy lub słyszymy, sięgamy do naszego daru, który wykracza poza zwykłe możliwości widzenia i słyszenia.

Czym jest ów dar? Jak działa? Skąd się wziął? Kto odczuwa świat poprzez nasze zmysły? Kto planuje i postrzega naszą rzeczywistość? Czym jest myśl? Czym jest inteligencja? Czym jest świadomość? Czym jest umysł? Czym jest tajemnicza bezpostaciowa siła, która przenika wszelkie stworzenie? Oto pytania, które zadajemy sobie, gdy nasza świadomość zwraca swą uwagę ku zgłębianiu własnej natury. Zadawanie pytań jest jednym ze sposobów na rozbudzenie świadomości.

Znaczenie symbolu siódmej czakry

Czakra korony zwana bywa „lotosem o tysiącu płatków". Według starożytnych joginów każda z czakr była lotosem, który zakwitł wraz z przebudzeniem świadomości. A tysiąc płatków tej czakry oznacza, że lotos ten kwitnie w nieskończoność. Gdy dosięgniemy najwyższego krańca spektrum czakr, sięgniemy ku nieskończonej naturze kosmosu i uniwersalnej świadomości. Nie ma tu żadnych granic.

Wyzwaniem dla czakry korony jest to, by nasza świadomość pozostała skoncentrowana dokładnie w środku lotosu, nawet, gdy niezliczone ilości płatków rzeczywistości nieustannie kwitną wokół nas. Czy potrafimy pozostać skoncentrowani i spokojni, gdy otacza nas uliczny gwar, wrzaskliwi ludzie, problemy w pracy i cała masa kłopotów dnia codziennego? Wymaga to dogłębnego, silnego uziemienia i zbudowania wewnętrznego spokoju. Praktyki dotyczące siódmej czakry, takie jak medytacja, stworzone są, by doskonalić tę umiejętność. Tutaj właśnie możemy wyjść poza przyziemne sprawy, które gromadzą się w naszym życiu i nauczyć się swobodnie oddychać i po prostu być. Przywiązanie jako negatywna domena tej czakry może hamować nas przed możliwością czerpania radości z nieskończoności.

Oprogramowanie świadomości

Jesteśmy tym, co o sobie myślimy. Wszystko, czym jesteśmy, wynika z naszych myśli. Naszymi myślami tworzymy świat.

Budda

Jeśli pomyślisz o swoim ciele jak o sprzęcie komputerowym, którego elementami są kości, mięśnie i narządy wewnętrzne, to twój umysł jest oprogramowaniem – ma zaprogramowane języki, jakimi mówisz, wszystko czego się nauczyłeś, magazynuje wszystkie twoje wspomnienia i poglądy. Życiodajna energia, o której już nieraz wspominaliśmy jest niczym prąd elektryczny przepływający przez komputer, umożliwiający połączenie osprzętu i oprogramowania.

W komputerze programy oprogramowania mówią elektronom, gdzie podążać, a gdzie nie podążać w sprzęcie i w ten sposób widzisz efekt na swoim monitorze – czy to oglądasz film, przetwarzasz dane czy czytasz e-mail. Jeśli, przykładowo, wyczerpie się bateria w twoim komputerze, to nieważne, ile masz zainstalowanych programów i czy twój sprzęt jest najnowszym modelem dostępnym w sprzedaży. Będzie bezużyteczny, dopóki nie dostarczysz mu prądu, dzięki któremu ponownie uruchomisz system.

W taki sam sposób twoja energia życiowa łączy umysł z ciałem. Oprogramowanie twego umysłu mówi energii, gdzie powinna się kierować, płynąc w ciele, a dokąd nie. Mówi ci na przykład, że powinieneś wciągnąć brzuch, bo ktoś na ciebie patrzy, albo że musisz zamilknąć, bo ktoś inny coś mówi. Informuje cię, kiedy podjąć działania, a kiedy zachować ostrożność. Dzieje się to poza tysiącem innych rzeczy, które zawiadują twoim zachowaniem – od zaprogramowanych w dzieciństwie nawyków, przez uwarunkowania kulturowe po przyswojone poglądy i wartości. Sposób, w jaki jesz, traktujesz innych, dążysz do osiągnięcia celów – wszystko to jest bezpośrednim rezultatem twego zaprogramowania, zarówno świadomego jak i nieświadomego. Kieruje twoją energię do czakr i wyprowadza ją z nich, a wszystko to dzieje się wedle tego, jak twoje „programy" interpretują daną sytuację.

Twoje oprogramowanie może pracować poprawnie – możesz mieć program na utrzymanie dobrej kondycji lub osiąganie celów – albo może działać na twoją niekorzyść – możesz mieć „program" w czakrze serca, który dąży do rujnowania związków międzyludzkich lub program pierwszej czakry, który sprawia, że nie jesteś w stanie wyjść z ubóstwa. Tu, w siódmej czakrze, głównym zadaniem jest sprawdzanie programów, które rządzą twoim życiem i wychwytywanie w nich wszelkich błędów, tak aby mogły działać sprawniej i odpowiednio spełniać swoją rolę – chronić cię, rozwijać twoją moc, budować intymność lub pomagać ci w rozwoju kreatywności.

Posługując się nadal analogią komputerową, *świadomość* nie jest ani oprogramowaniem/umysłem ani osprzętem/ciałem, ale jest *użytkownikiem* całego systemu. To moja świadomość pisze te słowa, a twoja świadomość je odczytuje i rozumie sens, jaki tworzą. Moja świadomość może spojrzeć na to, co robię na komputerze i powiedzieć: „Wcale nie chcę tego robić. Zamiast tego wolę robić to!" I wówczas zadziałam na moim komputerze, wpisując inną komendę, przechodząc na inną stronę internetową albo po prostu wyłączając komputer i kierując swoją uwagę na coś zupełnie innego. W taki sam sposób twoja świadomość posługuje się twoim umysłem, sprawdzając „oprogramowanie", zmieniając poglądy i tworząc nowe. Gdy pozbędziesz się „wirusów" ze swego oprogramowania, twoje życie będzie przebiegało bardziej gładko i bezproblemowo. Być może ludzie są jedynym gatunkiem, który to potrafi!

Twoje oprogramowanie jest głównym zarządcą twojej uwagi. Jeśli uważasz, że jakiś program telewizyjny jest interesujący, poświęcasz mu swoją uwagę. Czytasz teraz tę książkę, bo wierzysz, że czakry to temat, który wart jest przestudiowania!

Zwracanie uwagi

Uwaga jest cenną wartością. Gdy ją zainwestujesz, uzyskasz zwrot.

Anodea Judith

Uwaga jest ważną cechą świadomości i jest nam wszystkim dobrze znana. W tym momencie skupiasz się na czytaniu tych słów, lecz być może inne rzeczy konkurują o twoją uwagę – dzwoni telefon, dzieci hałasują, z głodu burczy ci w brzuchu. Kiedy idziesz ulicą, każdy szyld i witryna sklepowa walczą o twoją uwagę. W ciągu dnia napotykasz miliony rzeczy, które mogą cię rozproszyć.

Wszystko na czym koncentruje się nasza uwaga, tworzy nasze *doświadczenie.* Jeśli wyjrzę teraz przez okno, doświadczę widoku szarego, chmurnego nieba i usłyszę pomruk przelatującego samolotu. Jeśli skupię uwagę na swoim ciele, zauważę, że siedzę na krześle, a w moim biurze jest tego ranka nieco chłodno. Gdy ponownie spojrzę na monitor komputera, widok za oknem i odczucia mego ciała zejdą na dalszy plan, a moja uwaga powróci do pomysłów, nad którymi pracuję.

Nasza uwaga jest niczym przeglądarka internetowa, gdy surfujemy w sieci. Cokolwiek wskażemy, to właśnie pojawi się na naszym ekranie. Zmieńmy wynik wyszukiwania, a zmienią się informacje, jakie otrzymujemy. Zmieńmy punkt, na którym koncentrujemy uwagę, a zmienimy nasze doświadczenia.

Zyskanie kontroli nad uwagą to jeden z pierwszych kroków do mistrzowskiego zarządzania naszym umysłem i otwarcia bram wyższej świadomości. W zasadzie odnoszenie sukcesów w czymkolwiek wymaga zdolności do utrzymania naszej uwagi skoncentrowanej na tym, co robimy, czymkolwiek to jest, bez poddawania się wszelkim „rozpraszaczom" uwagi.

Przekonania i ich znaczenie

To nie wydarzenia z naszego życia nas kształtują,
ale nasze przekonanie o tym, co owe wydarzenia znaczą.

Tony Robbins

Wspomnieliśmy już, że nasza uwaga tworzy nasze doświadczenia. A co wówczas z owymi doświadczeniami robi nasz umysł? Próbuje nadać im *znaczenie.* Czyni to poprzez interpretację.

W tej właśnie chwili patrząc na te pałąkowate czarne kształty zwane literami, zamieniasz je w słowa, nadając im znaczenie. Jeśli patrzyłbyś na wielce skomplikowane równanie matematyczne lub alfabet nieznanego ci języka, kształty nie miałyby pewnie dla ciebie żadnego znaczenia. Podobnie, gdy słuchasz kogoś, kto do ciebie przemawia, nadajesz znaczenie jego słowom. Interpretujesz je i rozumiesz, wiesz, czy mówią o tobie z miłością czy gniewem. Możesz wówczas zdecydować, czy taka osoba jest ci bratnią duszą, czy też może nie chcesz poświęcać jej już swojej uwagi. Wszystko to kwestia interpretacji. Od dnia narodzin do dnia naszej śmierci sami nadajemy znaczenie naszym doświadczeniom. Bierzemy nieco sensu stąd, nieco stamtąd i z biegiem czasu tworzymy na tym swoje przekonania. Jeśli nasza matka jest obarczona wieloma dziećmi, nad którymi opieka jest bardzo męcząca i pewnego dnia się na nas zdenerwuje, to możemy uznać, że to znaczy to, iż zrobiliśmy coś źle. Jeśli takie doświadczenie będzie się często powtarzać, możemy do niego dorobić przekonanie, że jest z nami coś nie tak lub że nie jesteśmy kochani. Dzieci bardzo rzadko patrzą na rodziców z perspektywy krytyki, więc nie kwestionują ich przekonań. Większość dzieci w takiej sytuacji uważa siebie za wadliwe.

Przekonania powstają na bazie interpretacji naszych doświadczeń. Później oczywiście zarządzają naszymi interpretacjami, a zatem i doświadczeniami. Jeśli wierzysz, że nie jesteś wystarczająco mądry, będziesz szukał dowodów, które to potwierdzą. Jeśli jesteś przekonany, że życie jest trudne, to faktycznie poznasz miejsca, gdzie życie jest naprawdę trudne.

Przekonania stanowią konstrukcję świadomości w taki sam sposób, w jaki kości stanowią konstrukcję ciała. Kiedy mówi się, że przekonania kształtują naszą rzeczywistość, jest to częściowo prawdą, ponieważ ukierunkowują one naszą uwagę, a ona z kolei tworzy rzeczywistość naszych doświadczeń.

Mamy tysiące, jeśli nie miliony, różnych przekonań. Rządzą one wszystkim, co mówimy i robimy. Jednym z zadań siódmej czakry jest ich analizowanie.

Nawiązując do analogii komputerowej, przekonania stanowią nasz „system operacyjny", który jest częścią oprogramowania, które objaśnia i interpretuje działanie innych programów. Przekonania mówią nam, jak funkcjonować w życiu i jak każdy system operacyjny muszą być czasami aktualizowane, zwłaszcza jeśli nie stwarzają nam rzeczywistości, jakiej chcemy lub nie pasują do realiów, w jakich żyjemy. Ale najpierw musimy je poznać.

Ćwiczenie: Poznawanie swoich przekonań

Zaczniemy od spisania twoich przekonań o najważniejszych sferach życia i zobaczymy, co mogą ci o tobie powiedzieć.

- *Czakra pierwsza:* Twoje ciało? Twoje finanse? Twoje poczucie bezpieczeństwa i zaufania światu?
- *Czakra druga:* Twoja seksualność? Seksualność innych ludzi? Twoje emocje? Twoje pragnienia?
- *Czakra trzecia:* Twoje prawo do posiadania mocy? Twój cel w życiu?
- *Czakra czwarta:* Znalezienie i utrzymanie miłości? Bycie w związku?
- *Czakra piąta:* Twoja kreatywność? Twoje zdolności komunikacyjne?
- *Czakra szósta:* Twoje zdolności metapsychiczne? Twoja zdolność do spełniania marzeń? Twoja wyobraźnia?
- *Czakra siódma:* Duchowość? Religia? Łączność z boskością? Medytacja?

Zwróć uwagę, które z przekonań dobrze ci służą, a które tworzą ograniczenia. Jeśli czujesz, że jakiś pogląd cię ogranicza, zapisz sobie, co byłoby dla ciebie bardziej konstruktywne[7].

Medytacja, to nie to, co myślisz

Kiedy są myśli, to jest to rozkojarzenie;
kiedy brak myśli, to medytacja.

Ramana Maharishi

Jest wczesny poranek, jest zimno i ciemno. Wychodzę z łóżka i robię sobie ciepłą herbatę, by się rozgrzać. Siadam, trzymając w dłoniach filiżankę.

Początkowo mój umysł jest niespokojny, myślę o wszystkich rzeczach, które muszę dziś zrobić. Powoli popijam herbatę, podczas gdy mój umysł wędruje na granicy jawy i snu, a świadomość się z wolna rozbudza.

Wówczas odstawiam filiżankę i rozpoczynam medytację. Siadam prosto, prostuję kręgosłup. Zaczynam regulować oddech – powolny wdech, powolny wydech... Czasami niecierpliwię się, czekając na falę wewnętrznego spokoju, która przychodzi w trakcie medytacji. Myślę sobie: *No dalej, nie mam całego dnia!* Ale wtedy zaczynają pojawiać się różne myśli.

Zatem nadal siedzę wyprostowana, uspokajam oddech, oddycham coraz głębiej, wciągając oddech ku kręgosłupowi, wydy-

---

[7] Aby dowiedzieć się więcej o diagnozowaniu i zmianie przekonań, sięgnij po książkę Anodei Judith i Liona Goodmana pt. *Creating on Purpose*, Sounds True, Boulder, CO, 2012, lub zapoznaj się z darmowymi materiałami na stronie internetowej Liona Goodmana: www.transformyourbeliefs.com

cham powietrze powoli i długo. Cicho intonuję swoją mantrę, dzięki której pojawia się we mnie wielki wewnętrzny spokój.

Wkrótce moje myśli uspokajają się. W mojej wewnętrznej świątyni zapala się delikatne światło. Zapominam o oddechu. Oddech i fale mózgowe synchronizują się w idealnej harmonii, a spokój obmywa mnie całą. Teraz zamiast pragnąć pośpiechu, chcę na zawsze pozostać w tym stanie. Czas płynie niezauważalnie.

W pewnym momencie kończę medytację, przynajmniej na razie. Spoglądam na zegarek. Mogło upłynąć dziesięć minut, ale równie dobrze mogła minąć godzina. Medytacja mogła być krótka, na tyle, by „podładować akumulatory", a mogła też stanowić ekwiwalent nocnego snu. Bywa z tym różnie w zależności od dnia, ale nawet jeśli uda mi się osiągnąć ten stan choćby na chwilę, przypomina mi to, co jest naprawdę realne. To właśnie jest medytacja.

Medytacja jest prawdziwym balsamem dla duszy, jest to technika niemal odwieczna, sprawdzona od tysięcy lat. Nie ma chyba nic, co lepiej zarządzałoby uwagą, przekonaniami, doświadczeniami i co umożliwiałoby dostęp do siódmej czakry. Medytacja odciąga uwagę od spraw mogących cię rozkojarzyć i rozproszyć, zatem możesz doświadczyć bezgranicznego świata czystej świadomości. Oczyszcza umysł, uspokaja ciało, odświeża świadomość i przynosi masę wymiernych korzyści. To jedno z głównych lekarstw, które pomagają w redukcji stresu i wzmacniają proces zdrowienia. Jeśli w ciągu całego dnia jesteś w stanie wygospodarować czas tylko na jedną aktywność, niech to będzie medytacja.

Jest niezliczona ilość sposobów, w jakie można medytować. Niektóre z nich zachodzą spontanicznie jak np. śnienie na jawie podczas zmywania naczyń lub prowadzenia auta. Inne wymagają intensywnej koncentracji, liczenia oddechów lub recytowania inkantacji. Z kolei jeszcze inne są tak proste jak branie prysznica – wymagają wyobrażenia sobie, że przepływa przez ciebie strumień energii.

Słyszałam, że jeśli wskoczysz na grzbiet słonia, by przejechać przez indyjski bazar, zwierzę będzie się miotało i chwiało na wszystkie strony, uderzając o stragany, przy okazji słoń będzie kradł banany i ogólnie rzecz biorąc taka przejażdżka będzie siała spustoszenie wszędzie wokół. Jednak jeśli będziesz trzymał przed słoniem kij, dasz mu coś, na czym może się skoncentrować, będzie tak zajęty kijem, że nie będzie nawet próbował niczego dewastować.

W ten sam sposób działa większość technik medytacyjnych – dają twemu umysłowi coś na kształt kija, którego możesz się trzymać, by nie bujać się na boki. Może to być płomień świecy, mantra czy jakaś fraza. Nieważne co wybierzesz, chodzi o skoncentrowanie się na jednym obiekcie. Gdy nauczysz się to robić, będziesz mógł stopniowo puszczać ów „kij", a twój umysł będzie wytrenowany, by z łatwością wchodzić w stan medytacji.

Poniżej znajdziesz kilka popularnych typów medytacji. Jeśli nigdy nie próbowałeś praktykować żadnej medytacji i nie masz w tym wprawy, proponuję skorzystać z jednego z rodzajów wymienionych poniżej i przez jakiś czas być mu wiernym. Medytacja przynosi efekty w sposób kumulatywny, dlatego nie będzie wyraźnych rezultatów po jednej czy dwóch próbach. To praktyka, co oznacza, że wymaga czasu, by osiągać korzystne efekty. Bądź cierpliwy, a za każdym razem, gdy zauważysz, że twój umysł jest niespokojny, a myśli bezładnie błądzą, po prostu wróć do swego punktu koncentracji i ponownie się skup.

Typy medytacji

Obserwacja oddechu

W tej formie medytacji po prostu obserwujesz, jak twój oddech wchodzi do ciała i opuszcza je gładko i nieprzerwanie. Jeśli twoje myśli zaczynają błądzić, po prostu wróć do oddechu. Niektórzy ludzie lubią liczyć podczas wdechu i wydechu, upewniając się, że trwają tyle samo czasu, a czasami skupiają się na wydłużeniu wydechu, co sprzyja relaksacji.

Medytacja mantr

Medytacja ta polega na wewnętrznym powtarzaniu dźwięku lub frazy, której wibracje są stworzone, by budzić wszystkie aspekty świadomości. Po prostu wciąż i wciąż powtarzasz mantrę w swoim umyśle. Jest to jedna z głównych technik Medytacji Transcendentalnej (*więcej o mantrach na stronie 148)*.

Koncentracja na obrazie

Podczas gdy mantry są dźwiękami, yantra to obraz. Może to być wizerunek bóstwa, nauczyciela, koloru lub symbolu czakry. Czymkolwiek jest, ważne, by umysł się na nim koncentrował.

Rozważanie idei, takiej jak Zen koan

Zen koan to zagadka, na którą nie ma żadnej logicznej odpowiedzi, taka jak np. „Jak brzmi dźwięk klaskania jedną ręką?" Ponieważ nie ma na to odpowiedzi, pozostawia umysł zajęty zastanawianiem się.

Obserwacja sygnałów ciała

Podczas normalnego funkcjonowania na jawie często ignorujemy sygnały, jakie wysyła nam ciało. A wszak ciało, tak samo jak nieświadomy umysł, może przekazywać nam istotne informacje. Koncentrując się na tych sygnałach, możemy je odebrać i zakończyć ich wysyłanie, dzięki czemu pozwolimy umysłowi cieszyć się całkowitą pustką.

Kierowanie przepływem energii w ciele

Doznania cielesne często wykazują przepływ, a nawet ukierunkowanie energii. Kiedy uda ci się wykryć taki przepływ, twój umysł może nauczyć się kierować go do konkretnych obszarów ciała, które wymagają uzdrowienia lub do różnych czakr.

„Płynąca energia" to technika medytacyjna, która po prostu kieruje energią, by przepływała poprzez twoje ciało – z góry do dołu lub od dołu do góry. Zupełnie jak podczas brania prysznica, energia omywa twoje ciało i oczyszcza cię.

Wsłuchiwanie się w muzykę

Niby cały czas słuchamy muzyki, ale tak naprawdę dopiero prawdziwe wsłuchanie się w melodię, podczas którego nie robimy nic innego, stanowi medytację samą w sobie.

Siedzenie w ciszy w uduchowionym miejscu takim jak kościół czy świątynia

Czasami spędzanie czasu w miejscu o silnej duchowej energii może również stanowić medytację. Takie uświęcone miejsca zachęcają nas, byśmy pogrążyli się w ciszy, otworzyli umysł i serce oraz wsłuchali się w głąb siebie.

Głębokie stany modlitwy

Modlitwa jest rodzajem medytacji, w której obcujemy z Boskością – przemawiamy z głębi serca i z nadzieją oczekujemy przewodnictwa.

Studiowanie świętych tekstów i inspirującej literatury

Mamy ogromne szczęście, że we współczesnym, nowoczesnym świecie mamy dostęp do setek świętych tekstów pochodzących z różnych religii z całego świata. Spędzanie czasu na czytaniu i kontemplowaniu mądrości starożytnych nauczycieli też może stanowić medytację.

Obserwowanie naturalnego ruchu w przyrodzie np. ognia, wody czy chmur

Siedzenie nad morzem i obserwowanie w ciszy jak fale uderzają o brzeg, siedzenie przy ogniu i patrzenie na taniec płomieni czy leżenie na plecach, gapiąc się w chmury – wszystko to są sposoby medytacji na łonie natury. Owe naturalne rytmy przyrody działają hipnotycznie, pozwalając umysłowi zagłębić się w siebie.

Spacer na łonie przyrody

Istnieje także kilka medytacji w ruchu, gdzie spacerując, stawiasz każdy krok wolno i rozważnie, starając się w pełni chłonąć otaczający cię świat. Możemy poczuć wiatr i słońce na plecach, usłyszeć śpiew ptaków i cykanie świerszczy, poczuć zapach kwiatów i dotknięcie istoty Boskości.

Okres rozwojowy siódmej czakry

Kiedy przestaniemy myśleć tylko o sobie i swoim instynkcie samozachowawczym, przejdziemy prawdziwie heroiczną transformację świadomości.

Joseph Campbell

Czakra korony ma najmniej zdefiniowany okres rozwojowy ze wszystkich czakr, ponieważ stale się rozwija. Rozpoczyna się od oceny twego życia, kwestionowania swoich przekonań i poglądów, przeanalizowania swych działań i motywów oraz nauczenia się jak spojrzeć na wszystko obiektywnie.

Generalnie rozpoczyna się to w momencie, gdy dziecko wkracza w młodą dorosłość. Zaczyna wówczas kształtować swój światopogląd, często kwestionując to, czego nauczyli je rodzice. Może wybrać inną religię, kierunek studiów lub ścieżkę życia, byle tylko odpowiadały one jego celom życia. Niezwykle istotne jest wspieranie dziecka, by zrobiło ten krok. Świat zmienia się tak szybko, że nie możemy oczekiwać, że wszystkie nasze poglądy pozostaną niezmienne.

Jednak niektórzy ludzie docierają do tego etapu dopiero będąc w średnim wieku, a inni nie docierają nigdy. Jeśli doczytałeś tę książkę aż do tego miejsca, to jestem przekonana, że już zacząłeś kwestionować pewne sprawy i szukasz odpowiedzi na różne pytania. Moja rada: nie śpiesz się. Pozwól, by te poszukiwania zaprowadziły się jeszcze głębiej ku tajemnicy. Często gdy sądzimy, że uzyskaliśmy odpowiedź, przestajemy zadawać dalsze pytania, a więc przestajemy się uczyć.

Nadczynność i niedoczynność siódmej czakry

Bardzo dużo podróżuję i często odwiedzam różne miejsca związane z metafizyką czy księgarnie, gdzie spotykają się ludzie zainteresowani duchowością. Widzę tam całą masę różnych ludzi. Niektórzy z nich są tak skupieni na podążaniu swą duchową ścieżką, że wręcz ignorują potrzeby swoich ciał czy swoich rodzin albo po prostu widać, że nie stąpają twardo po ziemi. Pamiętam pewną sytuację, kiedy to rozmawiałam z kimś po wykładzie i nagle podszedł do mnie mężczyzna, który, przerywając moją konwersację, oznajmił, że właśnie osiągnął oświecenie i permanentnie otworzył swoją czakrę korony. Byłam zbyt uprzejma, by go skarcić, lecz aż cisnęło mi się na usta pytanie: „Skoro jest pan tak oświecony, to dlaczego nie zauważył pan, że brutalnie przerywając nam rozmowę, zachował się pan co najmniej nieuprzejmie?"

Przy okazji innej podróży miałam wykłady w studiu jogi prowadzonym przez dwie kobiety. Wykładałam tam przez kilka dni z rzędu i zauważyłam, że tylko jedna z kobiet wykonuje przyziemne prace związane z prowadzeniem tego przybytku – rano otwierała studio, sprzątała i dbała o sprawne funkcjonowanie studia. Pod koniec tygodnia spytałam ją, gdzie była jej wspólniczka. Odpowiedziała mi: „Och, każdego ranka wykonuje trzygodzinne ćwiczenia uduchowiające, więc nie pokazuje się w pracy przed południem. Wszystko zostawia na moich barkach." Zauważyłam w jej tonie nutkę żalu i stwierdziłam, że ta kobieta jest zdecydowanie bardziej uduchowiona niż jej wspólniczka.

Mamy do czynienia z nadczynnością czakry korony, gdy nasza duchowość nie zostaje uziemiona, kiedy nie dbamy o pracę, interesy lub gdy sądzimy, że medytacja wszystko załatwi. Spotkałam kiedyś kobietę, która opuściła troje swoich dzieci, by żyć w indyjskiej pustelni oraz taką, która pościła tak intensywnie, że dokonała spustoszeń w swoim ciele.

Są to przykłady nadczynności czakry korony, w których stosuje się duchowość, by uniknąć innych tematów – nazywa się to czasem „duchowym objazdem."

Ludzie, którzy „za dużo myślą", również wykazują pewien rodzaj nadczynności czakry korony. Tacy ludzie docierają do wszystkiego jedynie poprzez intelekt, unikają własnych emocji i są stale pozbawieni pasji życia. O ile takie podejście może czasem służyć osiągnięciu pewnych celów, to jeśli dana osoba nadmiernie odcina się od swego ciała i innych ludzi, przekształca się to w nadczynność siódmej czakry.

Ponieważ jestem duchowym nauczycielem, spotykam niewielu ludzi, którzy mają niedoczynność siódmej czakry, ale niejednokrotnie o nich słyszę. Pewnego razu podeszła do mnie kobieta z prośbą, bym podpisała jej książkę. Powiedziała wówczas: „Nie mogłabym powiedzieć o tym mojemu mężowi. Jest inżynierem i uznałby, że oszalałam." Większość świata zanurzona w naukowym materializmie, wierząca jedynie w to, co można empirycznie zmierzyć i zaobserwować, skłania się ku niedoczynności siódmej czakry. Może się to objawiać cynizmem względem kwestii duchowych, subtelnej energii i wszelkich form łączności z czymś potężnym, acz niewidocznym.

Niedoczynność siódmej czakry można odnotować u ludzi, którzy są zawsze przekonani o słuszności swoich poglądów i wierzą, że ich racje to jedyne słuszne racje. Mogą nawet żywić przekonania na tematy duchowe, ale nigdy ich nie kwestionują i nie dopuszczają do siebie myśli, że poglądy innej osoby mogą być słuszne. To również pewna oznaka niedoczynności, w której dana osoba jest tak przywiązana do swoich przekonań, że powstrzymuje ją to przed poznaniem nieskończoności.

Nadczynność	Niedoczynność	Równowaga
Szalone uwielbienie	Cynizm	Opanowanie
Przeintelektualizowanie	Skostniałe systemy przekonań	Otwarty umysł, mądrość
Uzależnienie od duchowości	Apatia	Inteligencja
Odseparowanie się od ciała, od świata	Trudności w uczeniu się	Obecność
Nadmierna czystość i cnotliwość	Materializm, dogadzanie sobie	Duchowe połączenie

Transcendencja

Od kiedy ludzkość zaczęła kontemplować świat, doświadcza transcendencji i tajemnicy w samym sercu egzystencji.
Karen Armstrong

W rezultacie, głównym celem siódmej czakry jest doświadczenie transcendencji. Kiedy umysł nie skupia się na niczym konkretnym, może cieszyć się nieskończonością. Jest to finalny cel wznoszącego strumienia wyzwolenia: uwolnić nas od wszelkich ograniczeń i doświadczyć wyzwolenia, które pojawi się, gdy uwolnimy się od wszelkich przywiązań.

Negatywny aspekt siódmej czakry jakim jest przywiązanie, sprawia, że utrwalamy w sobie różne ograniczenia. Jesteśmy przywiązani do wielu rzeczy do tego stopnia, że nie jesteśmy w pełni wolni. Przywiązanie możemy odczuwać względem wielu rzeczy np.: pomysłu, własnego wyglądu, tego co myślą o nas inni, młodości, właściwego postępowania, osiągania tego, czego pragniemy. Uwolnienie się od tych przywiązań uwalnia i oddziela ducha od ego i pozwala nam poszybować ku wyższym czakrom. Dzięki temu łatwiej nam będzie kochać i być kochanymi, wyraźnie widzieć, słyszeć prawdę i rozumieć innych.

Transcendencja to ostateczny stan świadomości. To świadomość bez kształtu, nieskończona i ponadczasowa. Świadomość, której nawet nie da się opisać. Można ją osiągnąć jedynie poprzez medytację, a czasami dzięki intensywnym doświadczeniom z pogranicza życia i śmierci, które wykraczają poza nasze przyziemne zmartwienia. Na krótko możemy dotknąć tego stanu, kiedy się zakochujemy, uprawiamy pełen ekstazy seks lub w chwilach wyjątkowej kreatywności, ale generalnie prowadzi do niego medytacja.

„Pobieranie" Boskości

Bardzo trudno jest przez cały czas pozostawać w stanie transcendencji. W najlepszym razie prowadząc nasze przyziemne żywoty, możemy dotknąć tego stanu podczas głębokiej medytacji. Ale potem musimy „powrócić" i zmierzyć się z otaczającą nas codziennością.

Kiedy prawdziwie medytujemy, możemy odkryć, że nad naszą czakrą korony „wiszą" instrukcje, które tylko czekają, aż wyciszymy się na tyle, by wysłuchać ich wskazówek. Posługując się komputerową analogią nasze mózgi mają zdolność „pobierania" świadomości z jej nieskończonego źródła – niekończącej się Boskości, źródła wszystkiego. Kiedy opróżnimy umysł, zrobimy w nim miejsce dla nowych informacji, dlatego nazywam ten proces „pobieraniem" Boskości.

Po medytacji znajdź chwilę, by zrobić notatki w notatniku, pisać na komputerze, narysować obraz, zagrać jakąś melodię lub zatańczyć. Możesz odkryć, że zainspirowało cię coś spoza normalnej świadomości, przez rodzaj Łaski, która przez ciebie przepłynęła. Czerpanie z Boskości to otwarcie się na tę Łaskę i pozwolenie, by przepłynęła przez ciebie, poza ciebie i ku światu. W ten sposób budzisz Boskość w sobie samym i to jest właśnie cel pracy z czakrami.

CO NALEŻY ZAPAMIĘTAĆ?

- Siódma czakra związana jest ze świadomością, a zwłaszcza z poznaniem własnej świadomości.
- W stanie zwykłej przyziemności świadomość jest stale zajęta, nadając znaczenie wszystkim naszym doświadczeniom. Na podstawie doświadczeń tworzymy nasze przekonania.
- Przekonania i poglądy stanowią konstrukcję świadomości. Zarządzają one naszymi doświadczeniami.
- Kwestionowanie swoich przekonań otwiera naszą świadomość na nowe możliwości i rozszerza zakres czakry korony.
- Medytacja jest główną techniką pozwalającą zwalczyć stres, „pobrać" Boskość i rozwinąć siódmą czakrę.

Podsumowanie

Teraz gdy dowiedziałeś się sporo o każdej z czakr i poznałeś konkretne narzędzia do pracy z nimi, zastanawiasz się zapewne, co zrobić z tymi wszystkimi informacjami. Bardzo chciałabym podać ci konkretny wzór pracy z czakrami, ale niestety nie jest to możliwe – to zupełnie jak z ubraniami: jeden rozmiar nie pasuje na wszystkich. Każdy człowiek jest inny, zatem potrzeby jednej osoby mogą zupełnie odbiegać od potrzeb drugiej.

Niektórzy ludzie żyją pochłonięci myślami i w ich przypadku rozwój będzie oznaczał nauczenie się, jak sprowadzić energię ku dołowi, do niższych czakr. Uziemienie będzie dla nich stanowiło nie lada wyzwanie, ale będzie to praktyka niezwykle ważna, tak samo jak zwracanie uwagi na swoje emocje oraz generowanie witalnej energii mocy.

Inni ludzie, bardzo praktyczni na co dzień, mogą być uziemieni z natury. Takie osoby mogą z powodzeniem prowadzić swój biznes i zapewniać sobie i swojej rodzinie godziwy byt, jednak brak w ich życiu miejsca na cieszenie się stanami wyższych czakr takimi jak duchowość czy medytacja. Tu ważną rolę odgrywa strumień wyzwolenia, czyli ten strumień, który ma na myśli większość ludzi, mówiąc, że „pracują z czakrami." Przemieszczanie energii ku górze otworzy ich czakry wyższe.

Kiedy przychodzi do mnie klient z problemami sercowymi, któremu właśnie rozpadł się związek, pracuję nad jego czakrą serca. Jeśli ma problemy z własną mocą lub z komunikacją, pracuję w równej mierze nad czakrą trzecią i piątą. Jednak zawsze staram się zobaczyć bardziej skomplikowany obraz całości sytuacji. Bywa, że problemy z mocą biorą się z braku uziemienia. Czasami problemy z komunikacją dotyczą posiadania własnej mocy. Czasem jedna czakra kompensuje coś, czego brakuje innej, umieszczonej powyżej lub poniżej niej. Kluczową kwestią jest fakt, że jest to cały system – chodzi w nim o to, jak dystrybuowana jest energia. Nadrzędnym celem jest odnalezienie równowagi czakr, która wprowadzi także równowagę do twego życia.

Omówiliśmy problematykę niedoczynności i nadczynności każdej z czakr. Ta prosta diagnoza opiera się na tym, czy jesteś nadmiernie skoncentrowany na obszarze, który powiązany jest z daną czakrą czy też raczej unikasz tematyki tego obszaru. Wówczas taka diagnoza mówi ci, co z tym zrobić. Jeśli ma miejsce kompensacja i nadmiernie skupiasz się na jednym obszarze, takim jak seks, władza czy miłość, wówczas musisz nieco odpuścić i przekierować swoją energię do innej czakry. Wierz mi, że nie stracisz przy tym tego, co już osiągnąłeś – lecz podążysz do wyższych czakr, które do tej pory były trochę na uboczu.

Jeśli uznasz, że cierpisz na niedoczynność którejś z czakr, wówczas musisz zwrócić baczniejszą wagę na ten obszar swego życia. Przestań unikać tych kwestii i poświęć im więcej uwagi. Otwórz swoje ciało, praktykując jogę lub inne ćwiczenia. Notuj sobie różne uwagi w temacie danej czakry i zobacz co z tego wyniknie. Naucz się przyjmować energię w tym obszarze swego życia.

Gdy ogarnie cię zwątpienie, polecam zacząć od uziemienia i dalej posuwać się w górę. W tej strategii nic nie może pójść źle i w zasadzie każdy w naszym współczesnym świecie skorzystałby na solidniejszym uziemieniu.

Wszystko zaczyna się od świadomości. Gdy przyjmiesz do ciała więcej energii, zwróć uwagę, dokąd ona podąża, co sprawia, że czujesz się dobrze, a co, że źle, co sprawia, że czujesz, że żyjesz, a co wysysa z ciebie wigor. Postaraj się jak najlepiej dostroić do swego systemu energii, a sama świadomość zdziała cuda, by zaprowadzić cię na ścieżkę wiodącą ku przebudzeniu.

Wykonuj ćwiczenia opisane w tej książce, a jeśli temat czakr bardzo cię zainteresował, sięgnij do źródeł opisanych w bibliografii, by dowiedzieć się jeszcze więcej.

A przede wszystkim bądź cierpliwy. Wyczuwanie energii i przynosząca sukcesy praca z nią, to istna sztuka, która rozwija się z czasem. Wykonanie jakiegoś ćwiczenia raz nie da wielkiego efektu, ale regularna praktyka zrobi ogromną różnicę. Bądź staranny, wytrwały oraz cierpliwy.

System czakr to swoisty wzór na kompletność i szablon do dokonania swojej transformacji. To mapa, z której możesz korzystać do końca życia. Dzięki czakrom służącym ci za przewodnika, odkryjesz, że twoja podróż staje się lepsza z każdym kolejnym krokiem.

Źródła

Kiedy czterdzieści lat temu zaczęłam pisać o czakrach, w świecie Zachodu nie było dostępu do zbyt wielu pozycji traktujących o tym temacie. Obecnie istnieją ogromne ilości materiałów. Poniżej znajdziesz bibliografię, a w niej kilka moich książek oraz kilka pozycji, autorów, których bardzo szanuję i które polecam czytelnikom. Pamiętaj też, że udział w warsztatach może zapewnić ci zupełnie inne doświadczenia niż samo przeczytanie książek. O prowadzonych przeze mnie warsztatach i kursach możesz przeczytać na mojej stronie internetowej: www.sacredcenters.com

Moje książki

Koła życia, Wydawnictwo: Czerwony Słoń, 2009. Podstawowa filozofia tej książki do zrozumienie systemu czakr na głębszym poziomie.

The Sevenfold Journey: Reclaiming Mind, Body, and Spirit through the Chakras (współautorka: Selene Vega), Celestial Arts, 1993. Podstawowy podręcznik, który powstał po intensywnych, dziewięciomiesięcznych warsztatach w temacie czakr.

Eastern Body, Western Mind: Psychology and the ChakraSystem as a Path to the Self, Celestial Arts, 1997. W książce tej zanurzamy się głębiej w psychologiczne aspekty każdej z czakr, szerzej omawiane są ich etapy rozwojowe, nadczynność i niedoczynność, a także sposoby radzenia sobie z nimi.

Chakra Balancing, Sounds True, 2003. Multimedialny zestaw zawierający 102-stronnicowy podręcznik oraz dwie płyty CD z medytacjami i ćwiczeniami jogi, a ponadto siedem ilustrowanych kart czakr.

Contact: The Yoga of Relationship (współautorka: Tara Guber), Mandala Press, 2006. Wskazówki odnośnie tego, jaką rolę w naszych relacjach międzyludzkich odgrywają czakry.

Creating on Purpose: The Spiritual Technology of Manifesting through the Chakras (współautor: Lion Goodman), Sounds True, 2012. Książka ta zabiera nas w niezwykłą podróż poprzez czakry, udziela praktycznych wskazówek jak odkryć swój życiowy cel i jak spełniać najskrytsze marzenia – celowo!

The Global Heart Awakens: Humanity's Rite of Passage from the Love of Power to the Power of Love, Shift Books, 2013. Spojrzenie na ewolucję kultury człowieka w kontekście czakr – analiza rytuału przejścia z trzeciej do czwartej czakry.

Joga czakralna. Esencja ćwiczeń Wschodu, Wydawnictwo: Studio Astropsychologii, 2016. Książka ta opisuje relacje pomiędzy czakrami a jogą, zawiera ponad 200 kolorowych ilustracji pozycji jogi, ćwiczeń oddechowych, filozofii jogi, mantr i nie tylko.

Książki innych autorów

Thomas Ashley-Farrand, *Chakra Mantras: Liberate your Spiritual Genius through Chanting*, Red Wheel/Weiser, 2006. Książka nie tylko o mantrach; zawiera również pełną filozofię czakr.

Arthur Avalon, *The Serpent Power: The Secrets of Tantric and Shaktic Yoga*, 1919, Dover Publications, 1974. Tłumaczenie tantrycznych tekstów o czakrach ze znakomitymi komentarzami. Książka bardzo ezoteryczna i niełatwa w odbiorze, ale jest to klasyczna pozycja dotycząca tej tematyki, która była jednym z pierwszych pomostów łączących świat Wschodu i Zachodu. Miej pod ręką słownik sanskrytu.

Alan Finger, *Chakra Yoga: Balancing Energy for Physical, Spiritual, and Mental Well-Being*, Shambhala Publications, 2006. Książka zawiera podstawowe pozycje sprzyjające czakrom z bardzo anatomicznymi ilustracjami, a także z płytą CD.

Sundar Shyam Goswami, *Layayoga: The Definitive Guide to the Chakras and Kundalini*, Routledge and Kegan Paul, 1980. Przekład starych tekstów skupiający się głównie na mantrach i ćwiczeniach yantra. Zawiera także opisy mniej znanych czakr subtelnych.

C. W. Leadbeater, *Człowiek widzialny i niewidzialny. Czakry*, Wydawnictwo Babilon II. Czakry z teozoficznego punktu widzenia. Książka „*Czakry*" to pozycja, która była pierwszą książką wydaną po angielsku i traktującą o temacie czakr. Klasyka.

Karla McLaren, *Your Aura and Your Chakras: The Owner's Manual*, Samuel Weiser, 1998. Bardziej metafizyczna strona czakr – praca z polem energetycznym z zastosowaniem prostej wizualizacji i technik ochronnych.

Susan Shumsky, *Exploring Chakras: Awaken Your Untapped Energy*, The Career Press, 2003. Jedna z najłatwiej przyswajalnych publikacji na tematy ezoteryczne dotyczące czakr. Zawiera informacje o subczakrach, warstwach suszumny i rzeczach, o których nie przeczytasz nigdzie indziej.

Heidi Spear, *The Everything Guide to Chakra Healing: Use your Body's Subtle Energies to Promote Health, Healing and Happiness*, Adams Media, 2011. Praktyczny przewodnik pełen użytecznych wskazówek oraz ćwiczeń.

Nagrania video

Seane Corn, *Chakra Flow: An In-Depth Training for Energetic and Emotional Healing*, płyta DVD, seria Yoga of Awakening, Sounds True, 2015

Anodea Judith, *The Illuminated Chakras: A Visionary Voyage into Your Inner World*, płyta DVD, Sacred Centers, 2005. 28-minutowa medytacja z otwartymi oczami oraz podróż pełna wizjonerskiej sztuki w animacji 3D oraz dźwiękiem przestrzennym. Dostępne w językach: angielski, francuski, włoski, hiszpański i niemiecki.

Nagrania audio – płyty CD

Dean Evenson, *Chakra Healing*, Soundings of the Planet, 2008

Jonathan Goldman, *Chakra Chants*, Etherean Music, 1998

Steven Halpern, *Chakra Suite: Music for Meditation, Healing and Inner Peace*, Inner Peace Music, 2010

Anodea Judith, *The Chakra System: A Complete Course in Self-Diagnosis and Healing*, Sounds True, 2000. Ośmioogodzinna seria płyt CD z nagraniami audio oraz broszurą z instrukcją.

—, *The Beginner's Guide to the Chakras*, Sounds True, 2002.
73-minutowe nagranie audio.

—, *Wheels of Life Guided Meditations*, Llewellyn, 1987. 70-minutowe nagranie dostępne na stronie internetowej www.sacredcenters.com

Layne Redmond, *Chanting the Chakras: Roots of Awakening*, Sounds True, 2001

—, *Chakra Breathing Meditations*, Sounds True, 2012

Robin Silver i Steve Gordon, *Chakra Healing Zone*, Sequoia Music, 2006

Sophia Songhealer, *Chakra Healing Chants*, Sequoia Music,2003

Suzanne Sterling i Christopher Krotky, *Chakra Flow: Music for Yoga and Meditation*, Sounds True, 2014

Velez Glen, *Rhythms of the Chakras*, Sounds True, 2000

Podziękowania

Podczas mojej czterdziestoletniej podróży na drugi koniec tęczy i z powrotem spotkałam wielu innych podróżników i przewodników. Moimi największymi nauczycielami byli moi studenci i klienci oraz uzdrowiciele, którzy pomogli mi w mojej osobistej podróży – jest ich wszystkich zbyt wielu, by wymienić każdego z osobna.

Jeśli chodzi o publikację tej książki, to w pierwszej kolejności pragnę podziękować Amy Kiberd, która do mnie dotarła i zaprosiła do napisania tej książki, a także wspaniałym ludziom z Wydawnictwa Hay House, którzy włożyli swoje serca i trud w jej powstanie: Elizabeth Henry za redakcję, Leanne Siu Anastasi za projekt, Julie Oughton i Lucy Buckroyd za przejrzenie publikacji przed jej wydaniem, dziękuję też zespołowi produkcyjnemu, Jo i Ruth z działu PR, a także zespołowi Sprzedaży i Marketingu za nieustanną pomoc i wsparcie.

Chciałabym również podziękować Shanon Dean, administratorce Sacred Centers, nie tylko za to, że podczas, gdy piszę, ona zajmuje się całym biznesem, ale także za wykonanie ilustracji do niniejszej książki.

Pragnę też podziękować wszystkim moim czytelnikom, który odważyli się ruszyć ze mną w tę ekscytującą podróż ku świadomości. Może spotkamy się kiedyś na tęczowym moście łączącym niebo i ziemię.

Anodea Judith,
Marzec 2016
Kalifornia, USA

O AUTORCE

Anodea Judith jest założycielką i dyrektorem Sacred Centers, organizacji, która prowadzi warsztaty i zdalne telezajęcia z psychologii, czakr, aktywizmu ewolucyjnego, jogi i wielu innych.

Posiada doktorat w zakresie opieki zdrowotnej i społecznej ze specjalizacją leczenia „umysł-ciało", jak również dyplom magistra w dziedzinie psychologii klinicznej. Jej bestsellerowe książki dotyczące systemu czakr, łączące w sobie nauki Wschodu i Zachodu, są uważane za przełomowe w dziedzinie psychologii transpersonalnej i cieszą się uznaniem zarówno w USA jak i innych krajach.

Wydała miliony książek, które przetłumaczono na siedemnaście języków i które zapewniły jej znakomitą renomę. Anodea znana jest także jako dynamiczny mówca i świetny wykładowca podczas warsztatów. Wśród jej bestsellerowych tytułów wymienić można *Koła życia* oraz *Joga czakralna*.